Ich leih dir mein Herz

12 unvergessliche Geschichten

Mit Illustrationen von
Cornelia Funke

Dressler Verlag · Hamburg

Originalausgabe
1. Auflage
© 2024 Dressler Verlag GmbH,
Max-Brauer-Allee 34, 22765 Hamburg
Alle Rechte vorbehalten.
Vorbehalten sind ausdrücklich auch alle Rechte für ein
Text und Data Mining, KI Training und ähnliche Technologien.
© Text: Maria Buchtijarova, Clara Christ, Lara Feldhausen,
Alonja Rhie, Elisabeth Schweimler, Hannah Zieger,
Miljan Ehlers, Katharina Krause, Merit Lachmann,
Rebekka Michel, Nora Niederstadt, Naemi Schmitz
© Titelbild und Illustrationen: Cornelia Funke
Satz: Sabine Conrad, Bad Nauheim
Druck und Bindung: GGP Media GmbH,
Karl-Marx-Straße 24, 07381 Pößneck, Deutschland
Printed 2024
ISBN 978-3-7513-0127-5

www.dressler-verlag.de
www.claraspreis.de

Inhalt

CORNELIA FUNKE

Vorwort

»Claras Preis« verdankt seinen Namen einem jungen französischen Mädchen, das den Traum hatte, das Schreiben eines Tages zu seinem Beruf zu machen. Es ist ein wunderbarer und wichtiger Traum, denn die Welt braucht Menschen, die Geschichten erzählen. Geschichten darüber, wie zugleich wunderbar und schrecklich das Leben sein kann.

Die Clara, deren Traum nun vielen jungen Schriftstellerinnen und Schriftstellern den Mut macht, von sich und der Welt zu erzählen, starb schon sehr jung an einem Herzfehler. Das hat einige der Geschichten inspiriert, die eingereicht wurden. Was hätte die echte Clara wohl dazu gesagt, dass deutsche Teenager durch sie Mut und Lust zum Schreiben bekommen? Ich bin sicher, es hätte ihr gefallen.

Fast alle eingereichten Geschichten kreisten um Themen wie Schmerz, Verlust, Angst und Einsamkeit, aber sie erzählten auch von Freundschaft, Liebe, Mut und dem Wunsch, zu verstehen, wer man ist. Wir vergessen so leicht, wie sehr es uns, wenn wir jung sind, danach verlangt, über all das nachzudenken, zu reden und zu schreiben, was schwer an der Welt ist. Meist spinnen wir uns mit den Jahren in einen schützenden Kokon, der all die unbequemen Themen fernhält, die das Leben uns immer wieder auf den Weg wirft. Wenn wir jung sind, steigen wir nicht einfach über sie weg, sondern sehen und fassen sie an.

Wir alle in der Jury waren zutiefst beeindruckt von den eingereichten Geschichten, von denen der 13–15-jährigen ebenso wie von denen der 15–17-jährigen Teilnehmer. Viele der Einreichungen waren unvergesslich, und oft waren wir ganz sicher, dass die Verfasser mit den Lebenslagen, die sie beschrieben, selbst konfrontiert waren: Krankheit, Tod, Einsamkeit, Gewalt ... Was wir lasen, beschrieb all das auf so eindringliche und oft zutiefst persönliche Weise. Aber in den Gesprächen, die ich mit jedem der Gewinnerinnen und Gewinner führte, kam oft heraus, dass die so eindringlich geschilderten Erlebnisse oft nur entfernt vom eigenen Leben inspiriert waren, was das Talent der Schreibenden nur erneut bewies. Einige verarbeiteten eigene Erlebnisse – wie Maria Buchtijarova, die aus der Ukraine stammt –, indem sie sie zur Saat einer ganz eigenen Geschichte machten.

Ich habe inzwischen die Freude gehabt, die Gewinner hier in Italien zu Gast zu haben. Sie alle haben so viel hierhergebracht, dass ich es nicht erwarten kann, mit den Jahren immer mehr junge Erzähler willkommen zu heißen. Und ich bin ganz sicher, dass »Claras Preis« uns weiter unvergessliche Geschichten bescheren wird. Geschichten, die spiegeln, wie schwer es ist, in dieser Welt und Zeit jung zu sein, und dass Liebe, Freundschaft und Fantasie immer die besten Überlebenshilfen sind. Ich freue mich sehr darauf, durch diesen Preis eine Gemeinschaft von jungen Schreibenden wachsen zu sehen, die einander treffen und sich austauschen, ob zu Hause oder hier in Italien.

Sie erzählen Geschichten von heute und für morgen.

MARIA BUCHTIJAROVA

Frieden durch Krieg

Kein Spielzeug

Sein Name ist Ferkel. Er ist immer bei mir gewesen. Er ist kein Haustier. Kein Spielzeug. Er ist ein Freund. Ich habe ihn bekommen, als ich zwei Jahre alt war. Ich weiß nicht mehr, wann wir uns kennengelernt haben. Meine Eltern sagten mir, ich hatte mir einen Winnie the Pooh gewünscht, wie in dem Disney-Zeichentrickfilm. Als sie einen solchen Bären fanden, kauften sie Ferkel zusätzlich. Sie waren sehr überrascht, als ich ihn als meinen Freund wählte. Ferkel schlief mit mir, aß mit mir, ging mit mir spazieren, schaukelte mit mir, malte mit mir, und ich brachte ihm Gedichte bei. Er ging mit mir in den Kindergarten. Wir sind ans Meer gefahren. Danach hat er sich sehr verändert. Sein rosafarbenes Gesicht wurde grau von Sand, und kein Reinigungsmittel konnte ihm sein früheres Aussehen wiedergeben. Aber ich habe meinen Freund trotzdem sehr geliebt, und er war immer für mich da.

Ich war fünf Jahre alt, als der Krieg begann. Ich erinnere mich nicht mehr an viel, was damals geschah. Ich erinnere mich an die ersten Bombenangriffe, ich erinnere mich daran, wie sich meine Mutter und Ferkel im Keller versteckten, wie die Nachbarskatze uns besuchte, ich erinnere mich daran, wie meine Mutter ihre Sachen packte und mich davon überzeugte, dass wir nicht lange weg sein würden und bald wieder nach Hause zurückkehren würden.

Wir sind nicht zurückgekommen. Wir lebten in Slowjansk, wo ich in die erste Klasse ging. Und sogar in meinem Schulrucksack, in einer speziellen Tasche, hatte ich mein Schweinchen dabei. Nach einer Weile kam mein Vater aus Donezk zu uns. So haben wir gelebt. Mama, Papa, Ferkel und ich. Natürlich hatte ich auch anderes Spielzeug. Aber es waren nur Spielzeuge. Es gab nur einen Freund, Ferkel. Manchmal kamen Oma und Opa uns besuchen, manchmal fuhren wir nach Hause, nach Donezk. Einmal beschlossen wir, am Silvesterabend nach Hause zu fahren. Wir stiegen ins Auto und fuhren los. Ich wickelte meinen Freund in den flauschigen Schal, den mir meine Großmutter geschenkt hatte, umarmte ihn und begann ihm zu erzählen, was ich aus dem Autofenster sehen konnte. Es war schon der erste Januar. Es waren nur wenige Autos und Menschen an den Kontrollpunkten. Wir hatten Probleme mit unseren Dokumenten, und es dauerte lange, bis wir eine Lösung fanden. Schließlich ließen sie uns zum Kontrollpunkt durch und forderten uns auf, aus dem Auto zu steigen. Wir sind ausgestiegen. Meine Eltern waren eine Weile weg, und ich stand immer noch mit Ferkelchen auf dem Arm am Auto. Plötzlich hörte ich, wie ein Soldat einem Mann sagte, dass Spielzeug verboten sei. Der Mann versuchte zu erklären, dass es sich um Geschenke handelte, Geschenke für seine Kinder. Aber der Soldat erlaubte ihm nicht, das Spielzeug mitzunehmen.

Und dann kam ein großer Mann in einer Militäruniform auf mich zu. Ein Riese. Buschige Augenbrauen, kantiges Gesicht, strenger Blick. Mit einer Pistole. Wie ein Karabas Barabas aus dem Märchen mit einer Uniform und ohne Bart. Er starrt mich an und fragt: »Mädchen, was ist in deinem Schal?«

Und ich flüstere schnell: »Es ist kein Spielzeug, es ist kein Spielzeug! Es ist Ferkel! Das ist mein Freund!!!«

Der Soldat sieht mich lange an und sagt: »Halt ihm die Ohren zu, sie sind gefroren.« Er wendet sich schnell ab, und ich sehe, wie ihm Tränen über die Wange laufen.

Seitdem ist eine lange Zeit vergangen. Wir sind nie nach Donezk zurückgekehrt. Und ich habe schon lange nicht mehr mit Spielzeug gespielt. Ich gehe zur Schule, lerne Sprachen. Und ich kann mich an fast nichts mehr erinnern, was damals geschah. Aber ich erinnere mich an den großen Soldaten. Ich hoffe, dass sich in seinem Leben alles zum Guten gewendet hat. Und er wieder nach Hause kommen konnte. Ich schreibe diese Geschichte, und Ferkel sitzt neben mir. Und er lächelt. Kein Spielzeug. Kein Haustier. Ein Freund.

Geheimwaffe

Sie nehmen Videos auf. Berührend, lustig, freundlich. Sie kochen Borschtsch auf dem Feuer. Sie tanzen. Sie spielen Gitarre und singen. Diese Clips sind kleine Teile des Lebens. Ein Leben inmitten von zerbrochenem Metall, zerstörtem Land und getöteten Freunden. Das Leben inmitten des Krieges. Kurzgeschichten über Liebe, Hoffnung und Menschlichkeit. Unser Militär. Unsere Helden. So kam es, dass ich ein wenig über sie erzählen kann.

Es geschah im Jahr 2015. Ich war sechs Jahre alt, und ich ging in die erste Klasse. Der Krieg befand sich bereits in seinem zweiten Jahr. Und im zweiten Jahr lebten meine Mutter und ich nicht mehr zu Hause, nicht in Donezk, sondern in Slowjansk. Es war bereits klar, dass ich in dieser fremden Stadt zur Schule gehen würde. Manchmal fuhren wir noch nach Hause, nach Donezk, und trafen uns mit unseren Verwandten, aber das war nicht oft der Fall.

Ich wollte unbedingt zur Schule gehen, zu Hause in Donezk hatte ich viele Schulsachen, die wir vor dem Krieg gekauft hatten. Also beschlossen meine Mutter und ich, die Sachen zu holen.

Der Weg war beschwerlich: Zuerst fuhren wir mit dem Zug, dann überquerten wir zu Fuß die Kontrollpunkte, nahmen den Bus nach Yasynuvata und fuhren von dort aus weiter. Wir blieben nur kurz in Donezk, ein paar Tage, und fuhren dann auf demselben Weg zurück nach Slowjansk.

Der Bahnhof von Yasynuvata war aus irgendeinem Grund menschenleer, und es fuhren keine Busse zum Kontrollpunkt. Mama war verärgert, weil wir keine Zeit mehr hatten, den Zug von Werchnjotorezke nach Slowjansk zu erwischen. Ein Mann bot sich an, uns mit dem Auto mitzunehmen. Er fuhr uns, zeigte uns, wohin wir gehen sollten, und fuhr wieder weg.

Wir erreichten so den Kontrollpunkt und erfuhren, weshalb es keine Busse und Menschen am Bahnhof gegeben hatte: Das Passieren dieses Kontrollpunktes war für Zivilisten erst vor wenigen Tagen verboten worden. Meine Mutter war verwirrt, es war unmöglich, mit mir und unserer schweren Tasche zu Fuß nach Yasynuvata zurückzukehren. Ich weiß noch, wie sie versuchte, es dem Militär zu erklären. Aber niemand wollte ihr zuhören. Ein Soldat schrie und verlangte, dass wir dringend zurückgehen sollten. Und dann begannen sie von Yasynuvatas Seite aus zu schießen. Sehr nah und sehr laut.

Und dann war es wie in einem Film. Ein Auto, in das meine

Mutter und ich buchstäblich hineingeworfen wurden. Der Soldat schrie: »Bringt sie weg! Bringt sie schnell weg!« Der Fahrer schaut konzentriert auf die Straße und rast mit irrer Geschwindigkeit. Ich bin verängstigt. Ich kann mich kaum zurückhalten zu weinen. Und plötzlich fragt mich der Fahrer: »Hast du Angst? Das sind unsere. Unsere schießen. Sie sind in der Ausbildung. Es ist nichts Schreckliches dabei. Es ist einfach nur laut. Du gehst auch zur Schule, nicht wahr? Also unsere Soldaten studieren auch.« Und er hat mich einige Male gefragt, ob ich lesen und schreiben kann, welche Gedichte ich kenne, welche Farbe mein Rucksack hat und was ich werden will, wenn ich groß bin.

Der Soldat fuhr uns zum Bahnhof. Als wir ausstiegen, bemerkte ich, dass meine Mutter sehr blass war. Sie fummelte in ihrer Tasche herum und holte aus irgendeinem Grund ihre Geldbörse heraus. Doch der Mann warf ihr einen solchen Blick zu, dass die Geldbörse aus den Händen meiner Mutter zurück in ihre Tasche fiel.

»Warte«, sagte meine Mutter, »ich habe Kuchen. Köstlich, hausgemacht, noch warm.«

»Kuchen ist etwas anderes.« Der Soldat lächelte. »Danke für den Kuchen, wir haben hausgemachtes Essen so vermisst.«

Und dann fiel mir auf, dass das Auto, mit dem wir ankamen, sehr seltsam war. Es war klein, weiß, lustig und komplett beschrieben mit Wünschen und Namen.

»Und was ist mit deinem Auto?«, fragte ich den Soldaten. »Wer hat das draufgeschrieben?«

»Wer? Alle, die an den Übungen teilgenommen haben. Du hast auch teilgenommen, nicht wahr? Schreib auch deinen Namen da drauf.« Er reichte mir einen Filzstift, und ich schrieb stolz »Mascha« in Druckbuchstaben und malte ein Herz.

»Weißt du«, sagte mir der Soldat, »das ist kein gewöhnliches

Auto, das ist ein Geheimauto. Dies ist das einzige Auto der Welt, das mit Dosenmilch fährt. Du glaubst mir nicht? Schau mal!«

Er öffnete die Motorhaube des Wagens, und unter der Haube befand sich praktisch nichts als ein Kasten Kondensmilch.

»Jetzt weißt du von einem militärischen Geheimnis und darfst es niemandem erzählen. Dies ist das geheimste Geheimnis der Welt.«

Ich war einfach verrückt vor Stolz. Ich nahm an militärischen Übungen teil, sah geheime Waffen und wurde mit militärischen Geheimnissen betraut. Wir verabschiedeten uns herzlich von den Militärs und liefen zum Zug.

Ein paar Jahre später erinnerte ich mich an diese Geschichte. In Charkiw, im Frühjahr 2022, im Keller sitzend und unter ständigem Beschuss, fragte ich meine Mutter:

»Erinnerst du dich noch an die Zeit, als wir zu Militärübungen gingen und du den Soldaten mit Kuchen bewirtet hast?«

»Bei den Übungen?« Meine Mutter war überrascht. »Schatz, wir standen damals unter heftigem Beschuss, und wenn dieser Soldat nicht gewesen wäre, wüsste ich nicht, wie es ausgegangen wäre. Er hat dir bewusst von der Übung erzählt, du warst noch ein Kind, er wollte dir nicht noch mehr Angst machen.«

»Und das Auto? Die Geheimwaffe mit Kondensmilch? Ich habe mir das doch nicht ausgedacht, oder? Ich habe doch gesehen, dass das Auto keinen Motor hatte, sondern nur Kondensmilch!«

»Aber es hatte alles! Es hatte einen Motor und alles andere auch. Das Auto war ein alter Zaporozhets. Ich habe keine Ahnung, woher das Militär es hatte. Diese Autos haben den Motor hinten drin, die Nachbarin meiner Großmutter hatte einen, das weiß ich.«

Ich lächelte unwillkürlich, erinnerte mich daran, wie ich dieses Geheimnis bewahrt hatte, wie ich mich mit letzter Kraft gewehrt hatte, vor den Jungs in der Klasse damit zu prahlen. Ich erinnerte mich an diesen Soldaten. Ich habe ihm noch einmal in Gedanken gedankt. Ich war ein wenig traurig. Ich bin nicht mehr sechs, und dies ist nicht mein erster Krieg, und ich kann mich nicht mehr mit einem kleinen Märchen, einer kleinen Täuschung davor verstecken.

Ich mag kein Pathos. Im Krieg geht es um Schmerz. Es geht um Angst und Tod. Ja, um Mut und Heldentum. Aber Heldentum ist keine Selbstverständlichkeit. Das ist der letzte Strohhalm, eine Grenze. Heldentum beginnt dort, wo die Geduld endet. Wenn die Einsicht entsteht, dass es keine anderen Möglichkeiten mehr gibt und nur noch Handeln die einzig mögliche ist.

Die Soldaten nehmen Videos auf. Mit Kätzchen und Vögeln. Sie teilen Momente der Stille, des Friedens und der Wärme und lassen Schmerz, Angst und Hass hinter sich. Sie treiben den Krieg in sich selbst hinein und verbergen seine Schrecken in ihren Herzen. Ich wünsche ihnen nur eines: dass sie zurückkehren. Dass sie zurückkehren nach Hause, zu ihren Lieben zurück, zurück zu sich selbst. Rückkehr aus dem Krieg.

Hallo, Marichka!

Hallo, Marichka. Hallo. Du bist fünf Jahre alt. Du bist ein fröhliches Mädchen und der Liebling der ganzen Familie. Du hast eine große Familie: Mama, Papa, Schwester, Oma, Opa, Katze und Hund. Ihr wohnt an einem schönen Ort, ruhig und gemütlich. Donezk ist ganz in der Nähe, und jeden Sonntag geht man in den Zirkus oder ins Theater oder vergnügt sich einfach im Scherbakov-Park.

Das neue Jahr steht vor der Tür. 2014. Wünsch dir was, Marichka. Schreibe einen Brief an den Weihnachtsmann und lege ihn in den Gefrierschrank. Wünsch dir etwas sehr, sehr Kindliches. Ein großes Spielzeug. Ein Puppenhaus. Oder ein Tablet. In all den folgenden Jahren wirst du das Ende des Krieges herbeisehnen. Und jedes Jahr wirst du einen Brief an den Weihnachtsmann schreiben. Und immer wieder wirst du betteln: »Kein Spielzeug, keine Süßigkeiten! Kein neues Handy! Lasst den Krieg zu Ende gehen, damit wir wieder nach Hause können.«

Später wirst du deine Briefe finden. Jeden einzelnen. Wenn du dreizehn Jahre alt bist. Deine Mutter wird sie sorgfältig in einem Fotoalbum verstecken. Du wirst traurig lächeln: »Ich möchte diese Briefe an den Zauberer schicken, aber wo finde ich seine Adresse?«

Sing, Marichka, sing oft. Dein Vater wird deine Lieder auf Video aufnehmen und sie sich ansehen. Er wird sie endlos anschauen. Während des Beschusses, wenn du und deine Mutter weggehen und er allein bleibt. Und, du weißt schon, besuche deine Schwester und deine Großeltern öfter, male ihnen Bilder, lies ihnen Gedichte vor und singe. Es wird die Zeit kommen, in der alle Kontrollpunkte geschlossen werden und ihr euch jahrelang nicht mehr sehen werdet. Und jedes Mal, wenn du ihre Nummern wählst, atmest du tief durch und sagst mit künstlich fröhlicher Stimme: »Hallo, mir geht es gut.« Du wirst ihnen lustige Geschichten und Neuigkeiten erzählen. Und dann legst du den Hörer auf und weinst leise. Viel Spaß, Marichka! Zeichne auf dem großen Papier, das dein Vater an die Wand deines Zimmers geheftet hat, spiele mit deiner Schwester, spiele mit deinen Spielsachen, spiele mit der Katze, schaukle auf der Schaukel. Wenn du gehst, wirst du dich oft an diese Zeit als die glücklichste erinnern.

Frohes neues Jahr, Marichka! Das Jahr 2014 steht vor der Tür, und du hast noch sechs Monate Kindheit vor dir.

Hallo, Marichka, hallo! Du bist dreizehn. Dies ist das dritte Neujahrsfest, das du in Charkiw feiern wirst. Am Anfang war es schwer. Sehr schwer. Neues Haus, neue Schule, neue, ungewohnte Stadt. Alles schien völlig fremd zu sein. Und dann erschien eine Katze. Eine graue Straßenkatze. Und du hast dein eigenes Zimmer in dem neuen Haus. Und du bist durch halb Charkiw gefahren und gelaufen. Und du hast dich in Charkiw verliebt. Du hast angefangen, Gedichte zu schreiben. Die ersten davon betrafen Donezk und Charkiw. Du hast angefangen, an Wettbewerben teilzunehmen. Und unerwartet hast du gewonnen. Du hast echte Freunde gefunden. Und echte Leser. Du bist an der Schule interessiert. Und du hast eine wunderbare Schule. Silvester steht vor der Tür. 2022. Du hast fast zwei Monate voller Glück vor dir …

Vechta

Guten Morgen, Vechta! Guten Morgen! Wir kennen uns schon seit fast einem Jahr. Fast ein Jahr lang hast du mich unterstützt und beschützt, du hast dich um mich gekümmert und meinen Schmerz geheilt.

Vechta, ich bin vor dem Krieg zu dir geflohen. Zwischen dir und meiner Heimatstadt liegen zweitausend Kilometer. Und zwei völlig unterschiedliche Leben. Dort, in der Ukraine, besuchte ich ein deutsches Gymnasium und träumte davon, eines Tages nach Deutschland zu kommen. Ich wollte so gerne dieses Land sehen und seinen Charakter spüren. Ich träumte davon, mich in einer deutschen Stadt niederzulassen, ihre Bewohner kennenzulernen, ich wollte meine Ausbildung hier, in Deutschland, fortsetzen. Wer hätte gedacht, dass mein Traum auf diese Weise wahr werden würde? Und ich komme nicht als Touristin oder Studentin. Ich bin als Flüchtling gekommen. Und Deutschland hat sein Herz für mich geöffnet. Alle helfen mir: Lehrer:innen, Mitschüler:innen, Nachbarn, Fremde. Und es stellt sich heraus, dass der deutsche, nordische Charakter ein freundliches, warmes Herz verbirgt.

Vechta, du bist nicht wie meine Stadt. Mein Charkiw ist ein stattlicher Riese, stolz, jung und frech. Vor dem Krieg war Charkiw ein Zentrum von Wissenschaft, Bildung und Kultur. Mit einem verrückten Rhythmus und endloser Bewegung. Eine Stadt, die niemals schläft, auch nicht nachts. Eine Stadt der Millionen von Lichtern. Eine Stadt der Helden. Schwer verwundet, aber nicht besiegt. Unzerstörbar. Charkiw ist unser Stolz. Und unser Schmerz.

Vechta, du bist anders. Du bist eine schöne alte Dame. Klug und freundlich, manchmal auch ein wenig traurig. Du hast es nicht eilig und hast keine Eitelkeit. Du triffst keine voreiligen Entscheidungen und ziehst keine voreiligen Schlüsse. Du hast in deinem Leben schon viel gesehen: Kriege und Brände, Krankheit und Tod, Zerstörung und Verwüstung. Dein Stoppelmarkt ist weit über Deutschland hinaus bekannt. Du weißt, wie man liebt, Vechta. Wenn deine Basketballmannschaft gewinnt, freust du dich und feierst von ganzem Herzen. Du weißt, wie man dankbar sein kann. Du erinnerst dich an alle ihre Helden. An dir ist nichts Künstliches. Deine nördliche Schönheit ist so ruhig, so natürlich. Du bist zu jeder Jahreszeit und zu jeder Tageszeit schön. Aber am besten gefällst du mir am Frühlingsmorgen, wenn du vom Tau gewaschen aufwachst. Wenn ein Nebelschleier über dem Wasser schwebt. Und der Gesang der Vögel die

Glocken übertönt. Wenn sich der Duft von frisch gebackenem Gebäck mit dem Aroma von Kaffee vermischt und die Straßen mit Wärme und Behaglichkeit erfüllt. Wenn du dein grünes Blumenkostüm anziehst und dich in ein Märchen verwandelst.

Du bist ein Ort der Macht, Vechta. Ich kam zu dir, verwüstet und vom Krieg gezeichnet. Du hast mir geholfen, Vechta. Du hast mich ins Leben zurückgeholt. Ich kann wieder Farben sehen, ich genieße den Sonnenschein, ich genieße das Vogelgezwitscher und die warme Brise. Vechta, du bist ein einzigartiges, magisches Juwel in einer wunderschönen Kette namens Deutschland.

Ich komme aus dem Haus und sage: »Guten Morgen, Vechta! Möge jeder Morgen gut für dich sein!«

MARIA BUCHTIJAROVA

wurde in der Ukraine geboren und lernte am Gymnasium in Charkiw Deutsch. Schon in der Ukraine hat sie an Literaturwettbewerben teilgenommen und etwa 20 davon gewonnen. Maria lebt seit 2022 mit ihrer Familie in Vechta und nimmt auch in Deutschland weiterhin an Literaturwettbewerben teil.

CLARA CHRIST

Echt

Es war neun Minuten vor sieben, als Federico mit dem vorletz-
ten Haus fertig war. Alles machte den Anschein eines perfekten
Abends. Die brennende Juniluft war etwas abgekühlt, und ein
leichter Wind, zitronengelb wie seine Stimmung, wirbelte durch
sein dunkles Haar. Das erste Mal seit Tagen hatte er das Gefühl,
im Freien nicht zu zerfließen. Die Sonne war noch längst nicht
untergegangen und spiegelte sich in den hohen Fenstern und
Glasfassaden der Wolkenkratzer, was die vielen kleinen Gassen,
die sich zwischen den gigantischen Gebäuden hindurchschlän-
gelten, in goldenes Licht tauchte. Die Stadt war still wie immer,
doch ausnahmsweise verlieh die Stille ihr etwas Friedliches. Im
Postwagen lag nur noch ein einziger Brief. Zufrieden stützte
der alte Mann die Hände in die Hüften und versank schon in
der Vorstellung von einem eiskalten Getränk und einem guten
Buch. Schließlich ermahnte er sich. »Noch sind wir nicht fertig.
Ein Brief, dann ist Feierabend«, murmelte er. Auf seiner Schulter gab Coco, sein Kanarienvogel, einen zustimmenden Pfiff von
sich. Manchmal war sich Federico wirklich sicher, sie verstünde
jedes seiner Worte.

Er beugte sich über den altmodischen Karren, in dem er die Briefe und Karten transportierte. Ganz unten am Boden lag das letzte Exemplar, das noch verteilt werden musste. Eifrig klaubte er es heraus, wozu er wie immer mehrere Versuche brauchte, weil sich das dünne Papier nicht vom Boden lösen wollte.

»Und zu wem willst du?«, fragte Federico den Brief und drehte den Umschlag um. Als sein Blick auf den Empfänger fiel, zuckte er überrascht zurück. Irritiert blinzelte er ein paarmal. Er schaute sich eilig nach links und rechts um, denn auch wenn er keinen bestimmten Grund dazu hatte, wollte er sich vergewissern, dass er nicht beobachtet wurde. Schließlich kratzte er sich am Kopf und zog die buschigen Augenbrauen zusammen, bevor er den Blick erneut auf das merkwürdige Kuvert in seiner Hand richtete. Seine Augen glitten ein weiteres Mal über das Geschriebene. Dort stand:

An
Federico Vero
Apartment sR!4
Komplex 23, 2894473

Sein Name. Seine Adresse. Wann war wohl das letzte Mal gewesen, dass er einen an sich adressierten Brief in den Händen gehalten hatte? Federico war kein Mensch, der Briefe bekam. »Coco und ich mit meinem kleinen Postwagen in der großen weiten Welt – mehr brauche ich nicht, um glücklich zu sein«, pflegte er zu sagen. So sehr er es auch liebte, in seinem Beruf Menschen eine Freude zu machen, so war er doch ein ziemlicher Einzelgänger.

»Äußerst verwunderlich …«, murmelte er. Nach kurzem Zögern riss er noch auf der Straße vorsichtig das metallisch glänzende Kuvert auf, bedacht, die hübsche Briefmarke nicht zu zerstören. Mit spitzen Fingern zog er einen Bogen weißes Papier heraus, faltete es auf und begann leise zu lesen.

Federico!

Seit 12 Jahren leisten Sie Ihren Dienst bei der Speed & Hermann Postkompanie. Nun sattelt unser Unternehmen auf den Warenversand mittels Atom-Codierung um. Und Nachrichtenübermittlung mit Briefen in Zeiten des Netzwerks werden bedeutungslos. Kurz gesagt: Sie werden nicht mehr benötigt. Wir wünschen alles Gute für Ihren weiteren Weg. Bei Fragen wenden Sie sich bitte an die Unternehmensleitung.

Grüße,
8n)OMe977S&H

Minutenlang stand Federico auf der Straße, die Augen geschlossen. Er merkte nicht einmal, wie sich seine Hand verkrampfte und den Brief zerknitterte. Das durfte nicht wahr sein. Nie in seinem Leben hatte er sich so hilflos gefühlt. In seinem Kopf schrien die Stimmen durcheinander, es war zu hell, zu laut.

Federico! Mit Ausrufezeichen. *Kurz gesagt: Sie werden nicht mehr benötigt. Sie werden nicht mehr benötigt. Sie werden ...*, war alles, was er denken konnte.

»Es war nur eine Frage der Zeit«, stieß er tonlos hervor. Coco antwortete nicht. Niemand antwortete. Wortlos griff Federico nach seinem Postwagen und drehte um. Er begann zu rennen, immer schneller. Nur weg von dieser Straße, weg von all dem. Ein dünn bedrucktes Blatt Papier segelte durch die Luft und landete auf dem tiefgrauen Asphalt.

Als Federico atemlos mit Coco auf dem Kopf vor seinem Apartment stand, hatte die Sonne sich vom Horizont verabschiedet. Dunkel war es trotzdem nicht. Es war lange her, dass es das letzte Mal nachts dunkel gewesen war. Das Licht der Stadt erlosch nie, es war 24 Stunden taghell. Der Himmel leuchtete in blendendem Neongelb und verkündete motivierende Sprüche.

»Fehlerfreie Freunde finden: *das Netzwerk*!«, »Unsere Welt SCHNELLER ALS JE ZUVOR«, »Wir machen 2073 groß!«.

»Groß und digital und einsam ...«, dachte Federico und legte den Kopf in den Nacken. Für den Bruchteil einer Sekunde spürte er den Laser an seinem Hals, dann erklang ein heller Ton, eine sanfte Stimme sprach: »Your Security Identification-Code got verified. Please enter«, und die Tür öffnete sich. Seufzend betrat Federico sein Refugium. Er schlurfte über den Boden aus verspiegeltem Glas und ließ sich in einen plüschigen Sessel am Fenster fallen, während Coco sich auf ihrer schwebenden Stange niederließ.

Langsam stürzte die Neuigkeit auf ihn ein und drohte, ihn zu erschlagen. Von links und rechts drangen Pieptöne in seine Ohren, als nach und nach die täglichen Benachrichtigungen des Netzwerks auf den Smart-Wänden erschienen: eine Hitzewarnung, eine Erinnerung an Cocos Geburtstag und 28 neue Nachrichten. Bestimmt waren 27 davon nicht echt. Sicher konnte er sich nicht sein, aber er vermutete, dass kaum einer der Social Codes, mit denen er alltäglich kommunizierte, zu einer echten Person gehörte. Anders als der Großteil der Leute hatte Federico dieses System noch nie gemocht. Wie er diesen Namen schon verabscheute: Netzwerk. Sofort sah er sich als kleine Fliege gefangen im klebrigen Netz einer Spinne, aus dem er nicht entkommen konnte. Das Netzwerk: eine riesige Plattform, um Nachrichten mit Code-Namen auszutauschen, anonym natürlich. Jeder war dort anonym. Realität verschmolz mit künstlicher Intelligenz. Die Roboter-Social-Codes, die sich in diesem System bewegten, waren mit menschlichen Mitteln nicht von echten Menschen zu unterscheiden. Der Gedanke deprimierte ihn. Er war verloren in einer Welt, in der er nicht wusste, ob seine Freunde ein schlagendes Herz hatten. Verloren in einer Welt, in der er nicht Federico, sondern Social Code Qn24eGG9?F war. Dies war der Grund, warum er Briefe liebte. In einem Brief hatte der Empfänger einen Namen. Briefe wurden von Menschen geschrieben und von Menschen gelesen. Echte Gefühle. Echte Gedanken. Alles daran war echt, und Federico liebte es. Jetzt sollte es die Echtheit einfach nicht mehr geben. Es war, als ob der letzte schützende Schatten aus Federicos Welt wegradiert wurde. Zurück blieb nur diese grenzenlose Helligkeit, die ihn blendete. Er kniff die Augen zusammen und sah schrille Farben hinter seinen Lidern tanzen.

Plötzlich weckte ein Geräusch seine Aufmerksamkeit. Federico öffnete die Augen und sah sich verwundert um. Es war ein leises helles Klopfen, schon fast zu überhören, und für einen Moment fragte er sich, ob er es sich bloß eingebildet hatte. Doch es verschwand nicht. Es schien vom Fenster zu kommen. Federico drehte den Kopf und versuchte, die Quelle des merkwürdigen Klangs auszumachen. Überrascht stieß er Luft zwischen seinen Zähnen hindurch, als er sie entdeckte. Draußen vor der Fensterscheibe stieß etwas Helles, Kleines unentwegt an das Glas. Federico erhob sich aus dem Sessel und streckte sich, wobei er sich entsetzlich unbeweglich vorkam, dem Laser-Scan entgegen.

»Your Security Identification Code got verified«, sprach er augenrollend mit. Sofort fuhr die Scheibe in die Wand und gab dem Objekt den Weg frei, welches daraufhin in den Raum schwebte und auf dem Boden vor Federicos Füßen landete. Die warnenden Stimmen in seinem Kopf ignorierend bückte sich er sich danach – und schreckte zurück, als es sich erneut bewegte, bevor es endgültig zur Ruhe kam.

»Vielleicht ist es gefährlich …«, sagte er laut, streckte jedoch die Hand aus und griff nach dem Gegenstand. Erstaunt stellte er fest, dass es sich um einen filigranen kleinen Vogel aus weißem Papier handelte. Er begutachtete ihn von allen Seiten, während sich das Fenster in seinem Rücken wieder schloss. Es brauchte einen Moment, bis Federico bemerkte, dass der Vogel mit schwarzer Schrift beschrieben war. Neugierig versuchte er, sie zu entziffern, doch die Nachricht war teilweise verdeckt. Ein wenig verdrossen entschloss er sich, das hübsche Papierwesen aufzufalten. Seine Hände zitterten, als er die kunstvollen Faltungen löste und das Blatt glattstrich.

»Was zur …?!«, entfuhr es ihm laut, und Coco flatterte erschrocken von der Stange auf. Es war der Brief der Postkompanie an ihn. Das verhängnisvolle Stück Papier, dessen Bedeutung er noch immer nicht ganz fassen konnte. Er musste es auf der Straße fallen gelassen haben. Federico wollte sich nicht mehr damit beschäftigen. Das hier war zu viel für ihn. Sekunden vergingen, in denen er nur verzweifelt in der Mitte des weiten Raums stand, die Nachricht in seinen Händen, und versuchte, das Schwindelgefühl, das ihn ergriff, loszuwerden. Erst Cocos zaghaftes Zwitschern brachte ihn zurück.

»Was soll ich noch hiermit?«, fragte er seine treue Begleiterin. »Zerreißen? Verbrennen?«, überlegte er betrübt, während er das Blatt in seinen Händen drehte. Doch da stutzte Federico. Sein Blick war auf die Rückseite gefallen. Dort stand in grüner Tinte eine lange Nachricht.

Hallo Federico,

*ich glaube, du bist der Briefträger. Manchmal sehe ich dich mit
deinem süßen Vogel die Post austeilen, wenn ich aus dem Fenster
gucke. Heute habe ich deinen Brief gefunden. Er lag vor meinem
Zuhause auf dem Boden. Ich habe ihn gelesen. Mama sagt immer,
ich bin zu neugierig. Jedenfalls ist das gemein, was dir passiert.
Du machst immer alle so glücklich, wenn du die Post bringst.
Das ist was Besonderes, glaube ich. Du kannst nicht einfach
damit aufhören, nur weil dieser Speed-Hermann das sagt. Weil
sonst die ganze Welt irgendwann kaputtgeht, wenn niemand sich
mehr freut und Menschen gar keine echten Freunde mehr haben,
sondern nur noch im Netzwerk. Ich finde die Leute im Netzwerk
irgendwie gruselig. Mama sagt, man weiß nicht, ob es die in echt
gibt. Ich will aber lieber mit Leuten befreundet sein, die es wirklich in echt gibt, und denen will ich Briefe schreiben, so wie dir
jetzt. Also mach bitte weiter, wenn du das schaffst. Danke.*

Lola

Eine Träne fiel von Federicos Wange auf das Geschriebene und
verwischte die unregelmäßige Schreibschrift. Mit erstickter Stimme sagte er zu Coco: »Das Kind hat recht, oder? Ich darf nicht
einfach aufgeben.«

Der gelbe Kanarienvogel senkte seinen Kopf, und Federico
hatte die Illusion eines zustimmenden Nickens. Erschöpft setzte
er sich. Er spürte, wie die Zeit verging, doch ihm fehlte die Kraft,
etwas zu tun. Die Tränen rannen über sein von den vielen rauen
Sonnenstunden gezeichnetes Gesicht. Doch nicht die Sonne,
sondern die Worte des kleinen Mädchens hatten die Wände seines inneren Gefängnisses geschmolzen. Jetzt brach es aus ihm

heraus. All die Verzweiflung über diese verdrehte, grelle, einsame Welt, in der er lebte. Doch zugleich spürte er etwas anderes. Ein Gefühl, das er all die Jahre nicht gekannt hatte. Er konnte es nicht genau benennen. Vielleicht war es … Hoffnung.

Ein kleines Mädchen, das die schlechte Seite der Social Codes begriff. Welches die Einsamkeit verstand. Und vor allem die Freude. Die Freude und Liebe und Freundschaft zwischen echten Menschen. Dieses kleine Mädchen sprach in den kürzesten Zeilen und einfachsten Worten alles aus, was Federico in vielen Jahren an bedrückenden Gedanken gesammelt hatte. In einem Brief, den es extra für ihn geschrieben hatte. Er hatte endlich einen richtigen Brief bekommen. Jemand hatte an ihn gedacht, jemand, der seinen Namen statt seines Social Codes kannte und ihm nicht nur schrieb, um ihm zu kündigen. Es war ein so wunderschönes Gefühl. Und da wurde Federico eines klar. So etwas durfte nicht einfach verloren gehen.

»Ich glaube, ich habe eine Idee«, murmelte er, und ein kleines Lächeln stahl sich auf seine Lippen. Mit dem Blatt Papier zwischen den Fingern setzte er sich wieder, und mit einem Fingerschnippen fuhr sein Tisch aus dem gläsernen Boden. Hochkonzentriert legte er das Papier darauf und versuchte, zwischen den kleinen Rissen und Falten die Faltungen des Papiervogels zu erkennen. Es war eine schwierige Aufgabe, doch nach einer Weile glaubte Federico, zumindest die ersten Schritte erfasst zu haben.

Vorsichtig legte er die Ecken aufeinander. Er faltete, klappte, strich Kanten glatt und löste am Ende wieder alles auf, um von vorne zu beginnen. Cocos dunkle Augen sahen ihn vorwurfsvoll von der Seite an, und er zog eine hilflose Grimasse. Das hatte er sich einfacher vorgestellt. Der Schweiß stand ihm auf der Stirn, und er fühlte sich an die unerträgliche Hitze der letzten Tage erinnert. Draußen hatte sich der Himmel violett verfärbt und verbreitete die Hitzewarnung für den nächsten Tag, die Federico schon über das Netzwerk erreicht hatte.

Schließlich, nach einer Dreiviertelstunde, gelang es ihm endlich, ein halbwegs passables Werk zu produzieren. Erleichtert atmete er auf, bis es ihn wie ein Schlag traf: Dies war gerade erst der Anfang gewesen.

»Da liegt ein ganzes Stück Arbeit vor uns beiden, nicht wahr, Coco? Wir brauchen mindestens 200 Stück davon.« Federico zog eine Schublade auf und griff nach einem dicken Stapel Papier, während er inständig hoffte, es würde genug sein, um seinen Plan erfolgreich durchzuführen. Aber er hatte keine Zeit zu verschwenden. Mit einem Stöhnen machte er sich an die Arbeit und begann mit dem nächsten Papiervogel. Nicht jeden Schritt hatte er sich gemerkt, und einige Male musste er nach dem zugegeben etwas erbärmlich aussehenden ersten Versuch greifen, doch schon nach einigen Minuten gelang ihm auch das zweite Meisterwerk. Eifrig griff er nach dem nächsten Blatt Papier.

Der alte Mann versank ganz in seiner Aufgabe und blendete aus, wie die Stunden verstrichen. Um Mitternacht erklang in der Ferne die sanfte Tonfolge von den Dächern der Zeit-Kontrollzentren. Um zwei Uhr durchbrachen Blitze die Nacht, doch ihr Licht wirkte in der Helligkeit der erleuchteten Stadt fast lächerlich. Der Donner erschütterte die Fenster in Federicos Apartment, und der Regen schlug auf die Hochhäuser ein, wie Mr. Hermann es mit den Atom-Codierungs-Geräten zu tun pflegte, wenn ihm ein weiteres Experiment mit ihnen missglückte. Das Wasser flutete die Gassen, doch es gab nichts, was es hätte mitreißen können. Um halb vier zog sich das wilde Wetter zurück, doch die Leere blieb.

Federico bekam von alldem nichts mit. Er hatte seine eigene

kleine Blase erschaffen, in der er friedlich saß und Papiervögel faltete. Es gelang ihm immer besser, je mehr er anfertigte. Doch sosehr er sich auch bemühte, so vollkommen wie der kleine Vogel, der zu seinem Fenster hereingeflogen war, bekam er es nicht hin. Es schien eine Ewigkeit her zu sein, dass das geschehen war, obwohl es sich bloß um Stunden handeln konnte.

Um acht Uhr morgens saß Federico Vero schlafend in seinem Plüschsessel, den Kopf auf dem Glastisch vor ihm liegend. Seine geschlossenen Augenlider zuckten unruhig, doch sein Atem ging still und gleichmäßig. Zu seinen Füßen fanden sich 248 Vögel aus Papier. Jeder einzelne war ein Kunstwerk. Hier und da ein kleiner Riss im Papier oder eine krumme Kante änderten daran nichts.

Träge öffnete Federico ein Auge, und als er erblickte, was er geschafft hatte, entschloss er sich, dass es sich lohnte, auch das zweite Auge zu öffnen. Zufrieden nickte er und griff nach einem der Vögel. Sein Schnabel war umgeknickt. Auf seinem Flügel stand ein Schriftzug:

»Wir machen 2073 echt! Du hast eine Nachricht für einen Menschen mit einem Namen statt einem Social Code? Dann verschicke sie mit der Versand-Agentur Coco (Apartment sR!4, Komplex 23, 2894473). Wir freuen uns auf deinen Brief.«

Das Glück, das Federico verspürte, war, als ob der wohltuende Schatten inmitten von all dem gleißenden Licht zurückgekehrt wäre. Es war echt.

»Wir müssen die Vögel irgendwie verteilen, Coco«, meinte er an seinen persönlichen Lieblingsvogel gerichtet. Darüber hatte er sich bis jetzt überhaupt noch keine Gedanken gemacht. Es war ihm ein Rätsel, wie Lola, die ihm seinen Brief gesendet hatte, das Papierwesen zum Fliegen gebracht hatte. Auf einmal hatte er einen Gedanken. Er wusste doch, wo das Mädchen wohnte.

In der Straße, in der er die Kündigung von Speed & Hermann erhalten hatte! Er zögerte keine Sekunde, griff nach einer Handvoll Papiervögel und seinem Postwagen, pfiff nach Coco und stürmte aus der Wohnung.

Wieder rannte Federico, schneller, immer schneller. Nichts würde ihn aufhalten können. Seine Haare flatterten im Wind, und ein merkwürdiges Gefühl ergriff den Briefträger. In kürzester Zeit stand er in der Gasse, die er am Tag zuvor so fluchtartig verlassen hatte. Er erinnerte sich genau an das riesige hochmoderne Gebäude, vor dem er gestanden hatte, an die Pfützen von geschmolzenem Asphalt auf dem Boden, an die leichte Brise in der Luft. Es war niemand zu sehen, doch er kam sich beobachtet vor. Intuitiv legte er den Kopf in den Nacken und warf einen Blick nach oben. Erst glaubte er, sich zu täuschen, doch er nahm tatsächlich eine Bewegung hinter einem Fenster war. Ohne nachzudenken, begann Federico wild mit beiden Armen zu winken und zu rufen. Seine Worte klangen in der Stille unglaublich klein. Da öffnete sich das Fenster.

»Hallo, Briefträger«, erklang eine hohe Kinderstimme, und zwei kurze Zöpfe erschienen hoch oben.

Atemlos schrie er: »Hallo! Bist du Lola? Ich brauche deine Hilfe.«

»Wieso?«, fragte das Mädchen argwöhnisch. »Mama hat gesagt, ich soll sie immer erst fragen, bevor ich anfange, mit einem fremden Social Code zu schreiben.«

»Ich bin kein Social Code. Ich bin Federico. Und ich habe deinen Brief bekommen.« Langsam verkrampfte sich sein Nacken in der unangenehmen Haltung.

»Ja, der war super, oder? Der Speed-Hermann-Mann hatte deine Adresse draufgeschrieben, da konnte ich ihn zu dir bringen, genau wie du es immer mit den Briefen von anderen Leuten machst. Aber auf dem Weg ist mir langweilig geworden, da hab ich einen Vogel draus gefaltet«, antwortete das Mädchen mit einem Kichern.

»Ich habe mich gefreut, als ich ihn bekommen habe. Aber über eins habe ich mich gewundert: Wieso konnte der Vogel fliegen?« Innerlich lobte sich Federico, endlich zum wichtigen Thema übergeleitet zu haben.

Zu seiner Überraschung begann das Mädchen laut zu lachen und rief zu ihm herunter: »Du bist ein kleines bisschen dumm, oder? Der Vogel war doch aus Papier. Papier kann nicht fliegen. Das weiß doch jeder!«

Federico wunderte sich, beschloss aber, nicht weiter darauf einzugehen. Er brauchte jetzt endlich eine Lösung. Da klang es von oben:

»Du hast doch einen echten Vogel. Der weiß besser als ich, wie man fliegt.« Ein letztes Lachen erklang, und das Fenster schloss sich.

Ein Stöhnen entfuhr ihm, und er runzelte die Stirn. Das war ihm wirklich keine große Hilfe gewesen. Noch einmal dachte er über die Worte des Mädchens nach.

Du hast doch einen echten Vogel … einen echten Vogel … einen …

Das war es! Selten war Federico so erleichtert gewesen, und sein Gesicht hellte sich auf. Mit einem Pfiff war Coco an seiner Seite und landete graziös auf seinem Kopf. Wie oft hatten sie das üben müssen … Federico griff mit beiden Händen in den Postwagen, der vor ihm auf der Straße stand, und holte vier Papiervögel heraus. Mit zitternden Fingern streckte er sie Coco entgegen, die sofort verstand und zaghaft mit den Krallen danach griff. Aufmunternd lächelte ihr Gefährte ihr zu und flüsterte: »Das ist unsere Art, die Welt zu retten, in Ordnung? Flieg!«

Und Coco flog. Elegant drehte sie Kreise unter dem hellgelben Himmel, höher als die Dächer der Wolkenkratzer, so hoch, dass Federico das kleine Geschöpf fast aus den Augen verlor. Voller Freude begann er zu lachen. Langsam segelte ein Papiervogel durch die Luft und landete im Postwagen. Während er Coco nachsah, wie sie weiter auf den Horizont zuflog und ein weiteres Exemplar fallen ließ, beugte er sich über den Wagen. Eifrig klaubte er den ersten Vogel heraus, wozu er wie immer mehrere Versuche brauchte, weil sich das dünne Papier nicht vom Boden lösen wollte. Als er es schließlich in den Händen hielt, staunte er über sein eigenes Werk. Es war nicht perfekt. Und doch war er so unendlich stolz darauf. Die Welt der Briefe war nicht ganz verloren. Es würde weiter Namen statt Social Codes und Botschaften für Menschen mit schlagenden Herzen geben. Das hier war echt.

❧

CLARA CHRIST

lebt im thüringischen Suhl und hat mit vierzehn ihre Geschichte
»Echt« für den Schreibwettbewerb »Claras Preis« geschrieben.
Sie liebt es, nach den richtigen Worten zu suchen
und eigene Figuren und Handlungen entstehen zu lassen.
Neben dem Schreiben tanzt sie Ballett und häkelt gerne.

LARA FELDHAUSEN

Ich leih dir mein Herz

Ophélie kam einige Tage, nachdem ich mein Zimmer im Krankenhaus wieder hatte beziehen müssen, an. Es war die Zeit von kuscheligen Strickpullis, Klausuren, die ich unter den veränderten Bedingungen nicht mitschreiben konnte, und Freunden, die sie schreiben mussten. Die Zeit, in der es außer meinem besten Freund Elio, der sich ab und zu bewaffnet mit Collegeblock und Oreo-Packungen in meinem Zimmer einquartierte, nur meine Mutter schaffte, vorbeizukommen.

Ophélie war keine zehn Minuten im Krankenhaus, bis ich ihre Anwesenheit auch schon bemerkte.

Ich lümmelte mit Elio in meinem Zimmer herum, während der Regen von draußen gegen die Scheiben prasselte, als wollte er mich herausfordern, zu ihm zu gehen. Elio lag bäuchlings auf meiner nach Desinfektionsmittel duftenden Bettwäsche, tief über seinen Block gebeugt, und ich hängte in Jogginghose Bilder an die Wand, bereit, noch einige Zeit länger in diesem Zimmer zu verbringen.

Ophélies Ankommen kündigte sich mit lauten Stimmen und einem Schrei direkt vor meiner Zimmertür an. Sofort fand Elios

Blick meinen, er grinste mich an, und synchron hechteten wir zur Tür. Ich öffnete sie nur einen Spaltbreit.

»Ich seh nichts«, zischte Elio mir ins Ohr, als er seinen Kopf neben meinen an den Türrahmen drängte. Vorsichtig zog ich die Tür noch einen Spalt weiter auf, bis das laute Chaos langsam Form annahm.

Und das war der Moment, als ich sie zum ersten Mal sah. Das Mädchen, das damals noch namenlos war.

Ein gelber Schuh, der auf einem Skateboard ruhte, direkt vor meiner Tür. Ophélies gebräunte Beine, die in einer kurzen hochgeschlossenen Jeans steckten, und ein auffällig geblümtes Hemd darüber. Sie stand seitlich zu uns, das Gesicht abgewandt. Ich konnte nicht sehen, wie sich ihre Lippen bewegten. Doch ihre Worte hörte ich laut und deutlich.

»Niemand hat mir gesagt, dass Skateboards im Krankenhaus verboten sind.«

Zwei Stunden später war Elio gegangen, und ich schob mich mit einer medizinischen Maske bewaffnet durch denselben Türrahmen, an dem ich kurz zuvor gelauscht hatte.

Es war nicht schwer, Ophélies Zimmer zu finden. Ich hatte wenig zu tun, während ich meine TKI-Medikamente absetzte und unter Beobachtung stand, außer Blutabnahmen, meinen digitalen Ukulele-Stunden und den seltenen Besuchen, die ich bekam. Schon nach kurzer Zeit kannte ich wieder all meine Leidensgenossen mit Namen und Diagnose. Genau wie ihre Zimmernummern. So kannte ich auch das Zimmer, in dem zuvor ein kleiner Junge namens Henri gewohnt hatte, bevor er auf eine andere Station verlegt wurde. Ein Zimmer, das nun frei war.

Ich stand vor Ophélies mutmaßlicher Tür. Stand einfach still da, für eine Weile, nur in Begleitung meines unregelmäßigen Herzschlags. Nicht weil ich Angst hatte zu klopfen, sondern weil da auf einmal so ein Gefühl in meinem Bauch war, dass sich nicht mit meinen normalen Schmerzen vergleichen ließ. Es war kein unangenehmes Gefühl. Mehr so eine Erwartung von etwas, ein Gefühl von orange-blauen Sommerabendhimmeln, das sich meinem Gedächtnis so sehr einprägte, dass ich es mir immer noch ganz genau vorstellen kann.

Es gibt Abende, an denen ein Geruch von Unvergesslichkeit in der Luft liegt. Und es gibt Gefühle, die sich genau wie dieser Geruch anfühlen. Das war genau so ein Gefühl.

Einige stille Sekunden lang versuchte ich, das Gefühl wegzuatmen, in der naiven Annahme, es sei ein normales Symptom. Dann hob ich vorsichtig die Hand und stieß Ophélies Zimmertür auf, ohne meine kostbare Zeit mit Klopfen zu verschwenden.

Das war der Moment, als ich sie zum ersten Mal *sah*. Richtig, nicht nur flüchtig durch einen offenen Türspalt.

Sie, in denselben kurzen Jeans und dem bunten Hemd über einem bauchfreien Top, das die leichten Linien ihrer Muskeln enthüllte. Sie, die so lebendig und unpassend an einem Ort wie diesem aussah wie meine kleine Cousine, wenn sie mit ihrem Welpen im Garten herumtollte.

Ich sagte nichts, als ich das Zimmer betrat. Ich stand einfach nur da und betrachtete ihre geschlossenen Augen in einem emotionslosen Gesicht, das ich nun endlich sehen konnte. Sie saß in Meditationspose im Bett und trug diese riesigen schwarzen Kopfhörer über ihrem Kopf, die immer die ganze Welt zu verschlucken schienen. Ihr Haar war so strahlend hell wie meine liebste Vanille-Duftkerze, die ich schon seit Ewigkeiten nicht mehr anmachen konnte. Sie waren hell und kurz, höchstens schulterlang, und geflochten in zwei winzige Zöpfe, die im Pippi-Langstrumpf-Style von ihrem Kopf abstanden.

Ich wünsche mir, dass ich noch mal mit ihr zusammen verloren gehen könnte. Aber damals, in dem Moment, wünschte ich mir nichts sehnlicher, als dass sie mich fand. Dass sie die Augen öffnete und mit mir sprach, und als hätte sie meine Gedanken gehört, öffnete sie in diesem Moment ihr rechtes Auge.

»Was?« Ihre Stimme war zu laut, als würde sie irgendetwas übertönen wollen, und der bissige Tonfall ließ mich beinahe zusammenzucken.

Ich brachte es nicht über mich zu antworten.

Ophélies linkes Auge schloss sich dem rechten an. Die Kopfhörer schob sie mit einer Hand vom Kopf um ihren Hals, bis die Musik leise, aber deutlich durch den Raum schallte, ein Beweis dafür, wie laut sie zuvor gehört hatte. Sie griff nach ihrem Handy und stellte sie aus.

»Was machst du hier?«

Ich ignorierte ihre Frage. Ging nur langsam näher auf ihr Bett zu, um mich auf den Besucherstuhl daneben fallen zu lassen. Es war ein seltsames Gefühl, dort zu sitzen. Eine verkehrte Welt.

»Warum bist *du* hier?«, stellte ich die Gegenfrage.

Ophélie zuckte mit den Schultern. »Wonach sieht's denn aus?«

Ich musterte sie. Zuvor war mir nur aufgefallen, wie lebendig sie wirkte. Wie sehr sie vor Leben zu strotzen schien. Aber wenn ich genauer hinsah, konnte man doch Spuren ihres Zustands erahnen.

Dunkle Ringe unter den Augen, ihr Blick blass und leicht verloren. Ihre Haare sahen aus, als hätten sie schon einige Tage lang kein Wasser gesehen. Und ich erblickte blasslila Flecken, die ihre Beine und Unterarme zierten.

Ich deutete auf ihre Hämatome. »Akute Leukämie?«

Ophélie schüttelte den Kopf und musterte ihre Arme, die sie vor sich ins Licht drehte. »Nee, die sind vom Skaten.« Sie schaute zurück zu mir. »Du?«

Ich neigte meinen Kopf langsam nach links und rechts. »Jein. Keine akute Leukämie.«

Sie zog eine Augenbraue hoch. »Sondern?«

»CML, chronische myeloische Leukämie.« Ich hatte diese Diagnose verinnerlicht und horchte bei ihrer Erwähnung auf wie bei meinem Namen. Sie war mit mir verwoben, ganz unfreiwillig und unterbewusst.

Ophélie nickte nur. Es schien nicht, als wäre sie an weiteren Infos interessiert, also öffnete ich erneut den Mund, um etwas zu fragen.

»Und was hast du jetzt?«

Wieder zuckte Ophélie nur mit den Schultern. Sie löste langsam ihre Beine aus dem Schneidersitz, schwang sie über die Bettkante und stand auf. Kurz dachte ich, sie würde auf mich zugehen. Stattdessen ging sie an mir vorbei und griff in eine der Taschen, die auf dem Boden neben ihrer Zimmertür herumstanden.

Ich runzelte die Stirn. »Was tust du da?«

Ophélies Blick fand über ihre Schulter hinweg erneut meinen. Zum ersten Mal in unserem Gespräch zierte ein leichtes, beinahe unfreiwilliges Schmunzeln ihre Lippen. »Wonach sieht's denn aus?«

Es war an mir, mit den Schultern zu zucken. Stumm beobachtete ich Ophélie dabei, wie sie ein leicht zerknittertes Blatt und eine kleine Dose aus der Tasche zog und damit zurück zum Bett ging.

»Willst du mir helfen?«

Ich antwortete nicht. Stattdessen ließ ich mich von Ophélies Bewegungen auf eine seltsame Art in den Bann ziehen. Es waren so alltägliche Bewegungen, doch trotzdem schien sie in diesem Moment irgendwie zu schön für diese Welt.

Wie sie sich nach vorne beugte, um die geöffnete Dose auf dem kleinen Beistelltisch neben ihrem Bett abzustellen. Wie dabei ein paar lose Haarsträhnen in ihrem Nacken hin und her wippten, als sie sich wieder aufrichtete.

Wie leichte Muskeln ihre Beine und ihren Bauch zierten, als sie sich streckte, um die Wand über ihrem Bett besser zu erreichen.

Ophélie hatte das Blatt Papier aufgefaltet, und seine Oberfläche funkelte leicht im einfallenden Licht. Mit einer Hand drückte Ophélie das Blatt gegen die Wand, während sie es mit der anderen versuchte glattzustreichen.

»Ich heiße Maali«, sagte ich.

Vorsichtig steckte das Mädchen vor mir das Blatt Papier mit Reißzwecken an der Wand fest, die sie einzeln aus der kleinen Dose fischte.

»Ophélie«, sagte sie. Sie löste ihre Finger von der Wand und lehnte sich zurück, um ihr Werk zu betrachten.

Erst jetzt schaffte ich es, meinen Blick wieder von Ophélie abzuwenden. Erst jetzt schaffte ich es, die Wand über Ophélies Bett und das daran befestigte Plakat genauer zu betrachten.

Über ihrem Bett hing ein Poster meiner Lieblingsband. Und das Lächeln auf meinen Lippen war nicht mehr aufzuhalten.

Ophélie tauchte schon am nächsten Morgen ohne Absprache bei mir im Zimmer auf, gekleidet in ein weißes Kleid mit Spaghettiträgern, das wie das Top am Tag zuvor viel zu kalt für die herrschenden Temperaturen war. Sie schmiss sich ohne Begrüßung neben mich aufs Bett, ein Buch in der Hand, in dem sie sofort zu lesen anfing.

Nach ein paar Tagen begann ich, ihre Anwesenheit nicht mehr als verwunderlich zu empfinden, sondern als selbstverständlich und doch wertvoll. Wenn sie auf meinem Bett lag und las, während ich zum zehnten Mal meine Wand neu dekorierte, runzelte ich darüber nicht mehr die Stirn, sondern genoss es einfach.

Bald fiel mir auf, wie oft mein Blick ganz unbewusst ihren Anblick fand, wenn wir beide unseren verschiedenen Tätigkeiten nachgingen.

Wenn ich auf meinem Besucherstuhl hockte und Akkorde auf meiner Ukulele übte, fuhr mein Blick unwillkürlich über ihr Gesicht, auf dem in Vierecken das durch die Fenster fallende letzte Sonnenlicht ruhte. Er fuhr wie eine zarte Berührung über die Haut ihrer auf dem Stoff meiner Decke liegenden Beine, die so beunruhigend schnell an Bräune verloren.

Ich dachte immer, Verliebtheit müsse mit einem Knall passieren. In all den Liebesromanen werden die meisten Phasen von Verliebtheit einfach übersprungen.

Da ist kein simples Interesse am Anfang, kein leichter Crush, keine leichten romantischen Gefühle, keine Verliebtheit, nur Liebe. Es ist, als würden sie von einem Moment auf den anderen in die bedeutsamsten, stärksten Gefühle dieses Universums hineingeworfen werden, als würden sie vom ersten Blick auf die andere Person an für sie sterben, wenn es sein müsste.

Aber so sieht die Realität nicht aus. Noch lange bevor sich alles veränderte, kam mir nie bewusst der Gedanke, dass ich Ophélie mein Herz geben würde, wenn ich könnte, obwohl wir doch sehr oft über ihre nicht diagnostizierbare Herzkrankheit redeten.

Ich verliebte mich nicht mit einem Knall. Es war mehr wie ein Lieblingspulli, dessen Anblick mir zwar vom ersten Moment an gefiel, doch der mit jedem Tag und jedem Tragen immer mehr und mehr an Bedeutung gewann.

Es fing an mit diesem Gefühl von Spätsommermorgen, dieser wohligen Wärme in meiner Brust und einer Sehnsucht nach ihrer Berührung. Mit dem immer häufiger werdenden Gedanken, sie zu vermissen, wenn sie abends durch meine Zimmertür in Richtung ihres eigenen Zimmers schlüpfte, und mich in Stille und mit einem Lächeln dekoriert zurückließ.

Nur gemächlich, wie eine Schildkröte, schlich sich der Gedanke und Wunsch, ihr von meinen Gefühlen zu erzählen, an. Ich hatte mir gerade vorgenommen, es ihr zu sagen.

Und dann kam der Tag.

Es war ein Mittwoch, als die Ärzte zu mir ins Zimmer kamen. Meine Mutter und ich waren gerade gemeinsam aus der Cafeteria zurückgekommen, in der wir einen ausnahmsweise guten Käsekuchen genossen hatten. Ich rechnete damit, dass bald ein Arzt für die tägliche Untersuchung vorbeikommen würde, doch der ernste, förmliche Umgang, als sie das Zimmer betraten, überraschte mich.

»Wir haben schlechte Neuigkeiten«, sagte er. Meine Mutter griff instinktiv nach meiner Hand, doch der warme Druck kam nicht mehr in meinem Bewusstsein an.

Lange redeten die Ärzte auf uns ein, aber nur wenige Fetzen drangen zu mir durch.

Medikament nicht angeschlagen.

Transplantation.

Hochdosis-Chemo.

Verlegung.

Danach ging alles ganz schnell. Mir blieben nur wenige Tage, in denen die Ärzte mich auf die Verlegung vorbereiteten und in denen ich keine Möglichkeit bekam, mich von Ophélie oder sonst irgendjemandem zu verabschieden.

Schon wenige Tage später musste ich meine Sachen zusammenpacken und die paar Dinge, die ich mit auf die Spezialstation nehmen durfte, in mein neues Zimmer bringen. Der neue Raum war größer und heller, roch stets nach frischem Desinfektionsmittel und Zitrone. Es war wie ein Trostpreis für all die »Spezialfälle« wie mich, und vielleicht war das einer der Gründe, warum ich mich selbst bis zum Ende der Chemotherapie nicht wirklich wohl in dem Raum fühlte.

Er war nicht mein altes Zimmer, war weder das Zuhause bei meiner Mutter noch das auf der alten Station. Er war kalt und emotionslos, frei von Erinnerungen. Hier hatte ich nicht Stunden mit Elio auf meinem Bett verbracht und so sehr gelacht, dass das Essen, das Elio hineingeschmuggelt hatte, überall verteilt war. Hier hatte ich nicht abends mit Ophélie im Bett gelegen, zueinander gewandt und die Blicke ineinander verhakt.

Dieser Ort war fremd. Und er blieb es bis zum Ende, auch weil Elio und Ophélie mich während der gesamten Zeit der Chemo nicht besuchen durften.

Stattdessen riefen sie an, regelmäßig. Bereits am ersten Abend meiner Ankunft klingelte mein Laptop, an dem ich gerade einen Disneyfilm geguckt hatte, mit einem eingehenden Skype-Anruf. Ophélies Gesicht erschien vor mir auf dem Bildschirm, die Haare zu zwei Zöpfen geflochten wie am ersten Tag, und ihr Blick huschte umher, bis sich auch mein Bild langsam vor ihr aufbaute.

»Hey.« Ihre Stimme war sanft, ihr Lächeln liebevoll, aber frei von jeglichem Mitleid, das sie selbst genauso wenig haben wollte wie ich.

»Hi.« Ich erwiderte ihr Lächeln.

Ich erinnere mich nicht mehr, worüber wir sprachen, nur noch, dass diesem Telefonat unendlich viele weitere folgten, von denen jedes meine Sehnsucht, sie richtig vor mir zu sehen, kein bisschen linderte. Wir sprachen Stunden, täglich, und wenn ich mal zu wenig Energie zum Sprechen hatte, sprach nur sie. Womit ich kein Problem hatte. Ihrer sanften, aber starken Stimme zu lauschen, wie sie über Bücher und längst verstorbene Autoren sprach ... Das war mehr Traum als Strafe.

Aber Ophélie fehlte mir, auch wenn ich sie täglich vor mir auf dem Bildschirm sah. Ihr Geruch, ihre Wärme, ihre Berührungen. Ich vermisste die Art, wie sie über meine Hand strich und wie der Raum zu glühen schien, wenn sie Ideen hatte. Ich vermisste es, ihr Lachen zu hören, wenn es den Raum und nicht nur das kleine elektronische Gerät füllte.

Sie fehlte mir, und es schien mich fast zu zerreißen.

Manchmal wachte ich morgens voller Wärme in mir auf, nachdem wir am Abend zuvor bis zum Einschlafen telefoniert hatten, nur um allein auf den weißen Laken zu liegen.

Wenn ich doch nur einen Pulli von ihr gehabt hätte, aber der wäre sicherlich noch unerwünschter auf meiner Station gewesen als Ophélie selbst.

So blieb mir nichts anderes übrig, als Zeit totzuschlagen. Und ich hatte viel Zeit während der Monate auf der Spezialstation. Am liebsten hätte ich sie mir mit meiner Ukulele und den Akkorden meiner Lieblingslieder vertrieben, doch die Ukulele musste mit den anderen »nicht leicht desinfizierbaren« Sachen in mein Zimmer zu Hause wandern, das ich mittlerweile so lange nicht mehr gesehen hatte, dass es fast den Status als »mein Zimmer« nicht mehr verdiente.

Doch auch wenn ich mein Instrument dagehabt hätte, so hätte ich nur selten die Energie dazu gefunden. Neben Physiotherapie und ewig langen Meditations- und Entspannungsübungen, zu denen mich sowohl mein Arzt als auch mein Psychoonkologe verdonnert hatten, erdolchte die hohe Dosis der Chemo auch den letzten Rest meiner Energie. Ich hangelte mich entlang an Terminen und verschwommenen, blassen Stunden und nutzte die übrige Zeit für Telefonate mit Ophélie, bei denen sich ab und zu auch Elio dazugesellte, nachdem er seine Klausuren erfolgreich bestanden hatte.

Es waren zwei Monate seit Beginn meiner Chemo vergangen. Mein Körper schien sich nicht an die Nebenwirkungen zu gewöhnen, aber langsam fand ich mit Hilfe der Ärzte die perfekten Unterdrückungsmedikamente, die ich zu meinem täglichen Drogencocktail hinzufügen konnte. Die Welt war anstrengend, aber gut, meine Chemo lief erfolgreich, und langsam freundete ich mich sogar mit Henri, dem kleinen Jungen, der schon früher auf meiner Station gewesen war, an, was die freie Zeit deutlich erträglicher machte. Alles schien in Ordnung.

Es war ein Montag. Ich wachte auf, erwartet von drei verpassten Anrufen, die mir ungeduldig auf meinem Sperrbildschirm, einem Foto von Elio und mir, entgegenblinkten. Einige Minuten wälzte ich mich grummelnd in den wohlig warmen Laken, bis die Müdigkeit schleichend wie eine Schildkröte nachließ und die Nachrichten in mein Bewusstsein sickerten.

Ich rief Ophélie dreimal zurück. Dann legte ich mein Handy zurück auf den Schreibtisch und schlief weiter, mit der naiven Vorstellung im Kopf, sie hätte nur mal wieder eine Idee gehabt, von der sie mir so unbedingt hatte erzählen wollen. Im Nachhinein hätte mir klar sein müssen, dass ich falschlag.

Gegen drei Uhr nachts hatte Ophélies Herz aufgehört zu schlagen. Ich erfuhr es über 24 Stunden zu spät.

Keiner der Ärzte auf meiner Station erwähnte einen Todesfall, besonders nicht ihren, vermutlich, weil sie selbst nicht davon wussten. Niemand auf den Gängen erzählte von einer Jugendlichen, die vergangene Nacht an einem verräterischen Herzen gestorben war, vermutlich, weil ich außerhalb meiner Station keinen Gang zu Gesicht bekam.

Erst am Tag darauf schaffte es meine Mutter morgens ins Krankenhaus. Sie nahm meine Hand, Tränen in den Augen. Ich erinnere mich nicht mehr an viel von dem, was sie sagte. Es war wie damals, als die Ärzte mir mitgeteilt hatten, dass die TKI-Medikamente nicht anschlugen.

Ophélie.

Herzstillstand.

Es tut mir so leid.

»Es tut mir leid« ist ein Satz, den ich in den darauffolgenden Wochen noch oft hören musste. Und wenn man darüber nachdenkt, hat ein ehrlich gemeintes »Es tut mir leid« doch viel Tröstliches an sich.

Nur vielleicht ist »Es tut mir leid« ein schlechter Satz für die eigentliche Botschaft, die man rüberbringen möchte.

»Ich wünschte, es wäre anders.«

»Wenn ich etwas tun könnte, ich würde es tun.«

Ein ehrlich gemeintes »Es tut mir leid« sind Schuldgefühle von unschuldigen Personen, dafür, dass diese Welt so schrecklich unfair ist, und auch wenn Schuld in so einem Fall nicht richtig ist, bedeutet es doch viel, mit dem Gefühl nicht alleine zu sein.

Ich verpasste Ophélies Beerdigung. Sie fand an einem bewölkten, kalten Wintertag statt, an dem ich jede Bewegung der Wolken mit den Augen verfolgte. Ich schaffte es den gesamten Tag nicht, meine juckenden Augen vom Himmel zu lösen, die Gedanken irgendwo zwischen der Möglichkeit ihrer Seele dort oben, weit über mir, und meinem fehlenden Glauben verloren.

Ich verpasste Ophélies Beerdigung, ihren Geburtstag einen Monat später, unser halbjähriges Jubiläum.

Nach einem Verlust durchläuft man vier Phasen der Trauer, und davon verpasste ich keine einzige. Bis zum Ende meiner Chemo redete ich mir ein, Ophélie hätte nur keine Zeit für mich, dass nur die Chemo und meine Krankheit zwischen uns stand und nach der Transplantation alles wieder gut werden würde.

Einen Monat nach meiner Transplantation besuchten mich Ophélies Eltern. Sie überreichten mir einen Brief, den sie mir bis dahin noch nicht hatten geben können, und als ich zu lesen begann, brach jedes Gefühl der vergangenen Zeit aus mir heraus.

Ich hatte noch nie einen Liebesbrief bekommen, geschweige denn einen selbst verfasst. Doch Ophélie hatte immer ein Talent für Sprache gehabt, ein Feingefühl für Sätze, wie ich eines für Melodien habe. Ihre Worte nisteten sich in meinem funktionierenden Herzen ein, ich las sie wieder und wieder, bis ihr Klang nicht mehr von meinem Herzschlag zu trennen war.

Liebe Maali,

ich spüre, dass ich sterben muss. Ich spüre es in meinem kaputten, verräterischen Herzen. Was ich auch spüre, ist, dass ich dich liebe und dass ich hasse, es dir nie so richtig in Person sagen zu können. Viel zu oft war ich schon kurz davor, mich auf deine Station zu schleichen, doch ich fürchte mich zu sehr, um das zu tun.

Ich bin ein Mensch, der immer an allem festhält, auch wenn es schon längst verloren ist. Wie am Leben und am Sommer, vermutlich. Ich fahre weiter Longboard, obwohl ich es gar nicht mehr darf, nur um mich lebendig zu fühlen, auch in Krankenhausfluren. Ich trage auch im Winter noch Sommerkleider, auch wenn das Wetter viel zu kalt dafür ist.

Aber mit dir war es egal, wie lange mein Leben andauern würde, weil mit dir immer nur der Moment zählte und dieser viel perfekter war, als ein langes Leben es je hätte sein können. Und mit dir war auch egal, wenn meine Lieblingsjahreszeit schon längst vorbei war. Mit dir war immer Sommer.

Kein Wort der deutschen Sprache kann vollkommen ausdrücken,
was ich fühle. Kein Satz, den ich formulieren kann, bringt auf
den Punkt, was ich denke. Trotzdem will ich es versuchen. Lass
mich ganz furchtbar kitschig sein, weil meine Gefühle genau das
sind, kitschig, und wie sollte ich die Realität beschreiben, wenn ich
den ganzen Kitsch dabei vermeide?

Ich liebe es, wenn du lächelst. Ich liebe es, wenn du lachst. Ich
liebe es, wenn ich dich zum Lachen bringe und wenn sich deine
Nase so niedlich kräuselt, weil du deine Augen beim Lachen zu-
sammenkneifst.

Ich liebe es, wenn du über Musik redest und wenn du singst. Du
singst so verdammt schön.

Ich liebe es, wie friedlich du aussiehst, wenn du schläfst, und wie
du morgens immer noch ganz lange unzufrieden vor dich hin
grummelst. Ich liebe, dass du kein Morgenmensch bist.

Ich liebe, wie optimistisch du an alles herangehst. Wie positiv
du deine Chemo siehst, obwohl, wenn wir ganz ehrlich sind, die
ganze Situation doch unglaublich unfair ist.

Ich liebe deine Stärke, auch wenn ich mir wünsche, du müsstest
sie nicht haben.

Du wirst dich nicht daran erinnern, aber einmal, da haben wir
telefoniert und du bist mitten im Telefonat eingeschlafen. Es war
nicht diese tiefe Art des Schlafens, bei der die ganze Welt um dich
herum untergehen könnte, ohne dass du wach werden würdest.
Vielmehr war es dieser leichte, unruhige Schlaf, den du seit
Beginn deiner Chemo ständig hast.

Manchmal denke ich, dass nur dein Körper schläft, während
dein Geist noch ganz wach ist. Du redest manchmal, wenn du so
schläfst.

An diesem Tag, als wir telefoniert haben, hast du mit mir geredet.
Im Schlaf hast du genuschelt, am Anfang konnte ich gar nicht

verstehen, was du gesagt hast, doch irgendwann haben die Worte
Sinn ergeben. Ich leih dir mein Herz, hast du gesagt. Das war
der Tag, an dem die Ärzte mir mitgeteilt haben, dass es meinem
Herzen schlimmer geht. Dass es mich irgendwann wohl endgültig
verraten wird.
Ich denke, das war der Tag, an dem ich realisiert habe, dass ich
sterben würde. Und das ist okay. Für mich ist das völlig okay.
Ich bin unglaublich dankbar, dass du mir dein Herz leihen,
mein kaputtes gegen dein gesundes eintauschen würdest. Aber
du hast mir ein so viel größeres Geschenk gemacht. Du hast mir
deine Augen geliehen, mir deine Welt und meine eigene in neuen
Farben gezeigt.
Ein einfaches Danke sagt nicht genug, um meine Dankbarkeit
auszudrücken, und trotzdem muss ich es versuchen.
Danke. (Stell dir vor, ich schließe dich nach diesem Wort ganz fest
in die Arme.)
Maali, mein kaputtes Herz liebt dich mit all seiner Kraft.

In Liebe, für immer
deine Ophélie

Es ist genau ein Jahr her, dass Ophélie gestorben ist. Ich stehe auf dem Friedhof vor einem Grab, das viel zu kalt und leblos ist, um irgendwie mit Ophélie in Verbindung zu stehen. Und trotzdem weiß ich, dass es ihr Grab ist.

Ihr Grab, vor dem ich nun das erste Mal stehe, weil ich ihre Beerdigung verpasst habe.

Ihr Grab, das für immer das Letzte sein wird, was sie der Welt hinterlassen hat.

Ihr Grab, das so viele Jahre zu früh ihren Namen tragen musste.

Für manche Menschen sind Friedhöfe eine Verbindung zwischen Tod und Leben. Für mich sind sie nicht mehr als eine Metapher.

Und trotzdem stehe ich hier. Mit einem mittlerweile schon leicht gewellten Papier in der Hand, Ophélies Handschrift darauf erblassend wie ihre Haut damals, als sie zu uns ins Krankenhaus kam. Meine rechte Hand klammert sich an das Papier, während die linke den Hals meiner Ukulele umschließt. Es ist kalt. Der Wind zehrt an meinen Haaren, aber ich bin nicht hier, um zu bleiben, nur um Ophélie die Verse vorzuspielen, die ich ihr gerne vorgespielt hätte, wenn sie noch am Leben gewesen wäre.

Der tiefe Atemzug brennt kalt in meiner Lunge. Ich schiebe den Brief in meine Jackentasche, vorsichtig, damit er nicht zerknittert, und hocke mich langsam vor Ophélies Grab. Ich schließe die Augen. Und beginne zu spielen.

૭ઓ

LARA FELDHAUSEN

lebt seit ihrer Geburt 2007 in Hattingen, Nordrhein-Westfalen, wo sie aktuell ihr Abitur macht. Sie schreibt schon seit ihrer frühen Kindheit und probiert sich immer wieder in allen möglichen kreativen Bereichen aus.

ALONJA RHIE

Martha

Prolog

Das Feuer prasselte gemütlich im Kamin und warf einen warmen Schimmer auf den Teppich. Es erhellte einen müde lächelnden Mund und ein dunkel glänzendes Auge. Die andere Gesichtshälfte lag im Dunkeln.

Ich kuschelte mich in den mit dunklem Samt überzogenen Ohrensessel und lächelte der alten Frau zu. Sie setzte sich auf dem Sofa zurecht und sah mich fragend an. Ich wusste, was dieser Blick bedeutete, und nickte.

»Nun gut«, sagte sie. »Die Geschichte, die ich dir heute erzählen werde, ist ganz und gar wahr, und sie soll dich etwas lehren, also pass gut auf.«

Sie lehnte sich zurück, schloss die Augen und holte tief Luft.

Dann fing sie an.

1. Kapitel

Lisbeth schlitterte über die Straße. Ihr Bruder Karl war direkt hinter ihr. Sie schaute über ihre Schulter. Er hatte seinen Mund zu einem siegessicheren Grinsen verzogen. Lisbeth legte einen Zahn zu und glitt auf ihren Schlittschuhen um die Kurve.

Doch dort stand jemand. Eine ältere Frau, die sich auf dem Rückweg vom Beten in der Kirche ihren Plaak, ein mit Stickereien verziertes Tuch, fest um die Schultern gewickelt hatte. Lisbeth schrie auf und umkurvte die Frau gerade noch so. Sie schlitterte auf ihre 14-jährige Schwester Eva und deren beste Freundin Martha zu, konnte nicht mehr bremsen und fuhr in sie hinein. Eva schrie auf, und Martha kreischte, als sie alle drei zu Boden fielen.

Aus dem Augenwinkel sah Lisbeth noch, wie Karl bei Maria anhielt und auf das lachende Mädchen einredete.

Lisbeth rappelte sich auf und ergriff die Flucht vor ihrer großen Schwester. Lisbeth wusste, dass mit Eva, vor allem wenn es um Martha ging, nicht zu spaßen war.

Eva fluchte innerlich. Das schöne Kleid, das sie sich von ihrer Mutter ausgeliehen hatte, war dreckig geworden, dabei hatte sie ihr versprochen, dass kein Fleck daraufkommen würde.

»Elisabeth, warte nur, bis Mutter und Vater davon erfahren!«, rief Eva ihrer kleinen flüchtenden Schwester nach. Sie rappelte sich hoch und klopfte das heiß geliebte Kleid aus. Anschließend half sie Martha hoch.

Ihr schönes schwarzes Haar war zerzaust und dreckig, und ihre Augen zuckten nervös hin und her. Ihre Finger umklammerten stetig ihren Rocksaum, der leicht feucht und dreckig war. Sie löste Marthas Finger vom Rock und schloss sie in ihre. Als Marthas dunkle Augen sich auf sie richteten, spürte Eva ein

Kribbeln in ihrem Bauch wie von tausend Ameisen. Sie sprach langsam zu Martha, wie zu einem Kind, aber es lag viel Liebe in den Worten:

»Martha, es ist alles gut, wir gehen jetzt zu dir nach Hause.«

Martha nickte, und Eva nahm sie an die Hand, und zusammen gingen sie die Straße hinunter.

2. Kapitel

Lisbeth war auch endlich bei Mariechen angekommen.

»Puh, beinah hätte ich Frau Braun umgefahren«, erklärte Lisbeth ihrer kleinen Schwester außer Atem. Mariechen antwortete nicht, sondern griff glucksend nach Lisbeths geröteter Nase.

»Das wird heute mächtig Ärger mit Mutter und Vater geben, da bin ich mir sicher«, hörte sie Karls Stimme neben sich.

Er hatte recht, Mutti würde nicht glücklich über das dreckige Kleid sein. Wahrscheinlich war es das letzte Mal in dieser Woche, dass sie Schlittschuh fahren durfte. Karl und sie schraubten sich die Kufen von den Schuhen.

Lisbeth beugte sich zu Maria hinunter und hob das in eine warme Decke gewickelte Mädchen vom Schlitten. Karl schnappte sich den Schlitten, und gemeinsam machten sie sich auf den Weg nach Hause.

Eva spürte die warme Hand in ihrer und hörte Marthas aufgeregte Schritte neben ihr im Schnee. Eva freute sich immer, wenn sie Zeit mit ihr verbringen konnte.

Andere mochten Martha seltsam finden, weil sie manchmal rumschrie oder ihre Rockzipfel feucht waren, da sie sie manchmal im Mund hatte. Doch für Eva war Martha einfach nur der ehrlichste, fröhlichste und tollste Mensch auf der Welt. Eva kannte Seiten von ihr, die niemand sonst kannte. Sie hatte Martha gesehen, wenn sie nachdenklich war, dann wurde sie ganz still und hörte aufmerksam zu. Sie wusste aber auch, dass Martha einen anguckte wie ein treuer Hund, wenn sie einen lieb hatte. Das wusste niemand sonst, das war ein Geheimnis zwischen Eva und Martha.

Und weil niemand Martha richtig kannte, wusste auch keiner von dem besonderen Band zwischen Martha und Eva.

Sie waren viel mehr als Freundinnen.

Lisbeth hatte Maria fest an sich gedrückt. Sie war eingeschlafen. Ihr kleiner blond gelockter Kopf lag an Lisbeths Schulter, und ihre schönen blauen Augen waren geschlossen. Lisbeth betrachtete ihre kleine Schwester voller Liebe und wickelte sie noch fester in die Decke.

Plötzlich blieb Karl stehen, Lisbeths Blick wanderte nach oben, und sie sah ihn. Wolfgang kam gerade um die Ecke, noch hatte er die drei nicht gesehen. So schnell wie möglich, ohne auffällig zu sein, drehten die beiden sich um und bogen in eine andere Straße ein. Doch Lisbeth wusste, dass es zu spät war, schon bevor sie Wolfgangs Stimme hörte.

»Na? Wie war es denn draußen, Mariechen? Oh, tut mir leid, ich hätte ja beinah vergessen, dass du nicht sprechen kannst«, spöttelte Wolfgang.

Lisbeth sah genau, dass es Karl schwerfiel, sich zu beherrschen. Sie blickte ihn warnend an, ein Wutanfall von ihm würde Wolfgang noch mehr anstacheln.

»Müsst ihr mal wieder die Missgeburt durch die Gegend tragen? Wann lernt der Krüppel endlich selber zu laufen?«

Lisbeth wusste, dass Wolfgang zu weit gegangen war, und ei-

nen Moment später hörte sie schon Karl schreien: »Lass Mariechen in Ruhe, du Rotzmaul!«

Karl drehte sich um, und Mariechen fing an zu weinen.

3. Kapitel

Die Haustür aus dunklem Ebenholz glänzte von frischem dunklen Lack. Ein Türklopfer in Form eines Löwen sah Eva aus gol-
denen Messingaugen an. Sie mochte Marthas Zuhause nicht, es
war ein dunkles, abweisendes Backsteingebäude, das überhaupt
nichts mit Martha gemein hatte. Eva hob den Türklopfer. Ein
dumpfes Geräusch hallte durch die menschenleere Straße, als
der Löwe zurück auf seinen Platz fiel.

Die ältere Frau, die die Tür öffnete, lächelte die Mädchen an,
ohne sie wirklich zu sehen. »Gretchen, wie schön, dass du zurück bist. Wen hast du denn da mitgebracht, Liebling?«

»Ich bin Martha«, antwortete Martha.

Noch eine Sekunde blieb das Lächeln auf Frau Meiers Gesicht,
dann erkannte sie, wer vor ihr stand, und das Lächeln wurde von
einer gezwungenen Grimasse abgelöst. In ihren Augen stand die
Erkenntnis, dass Marthas große Schwester Gretchen nicht mehr
da war und nie wieder zurückkommen würde. Jetzt blieb ihr nur
noch Martha, die wunderliche Martha.

»Das tut mir leid, ich hatte meine Brille nicht auf, deshalb hab
ich euch nicht sofort erkannt«, versuchte Frau Meier sich heraus-
zureden. Doch Eva sah Enttäuschung in ihrem Blick. Martha
schien dies nicht zu erkennen und zog Eva gut gelaunt mit ins
Haus.

Martha war aufgeregt und zeigte Eva voller Stolz eines ihrer
Kleider. Eva freute sich über das Lächeln, war aber innerlich

sehr traurig. Traurig darüber, dass Marthas Mutter sich immer wieder Gretchen an Marthas Stelle wünschte, aber noch viel trauriger, dass Martha dies nicht sah.

Eva half Martha, sich umzuziehen. Martha betrachtete ihr Kleid und drehte sich. Sie sah so glücklich aus. Plötzlich hielt sie inne, legte den Kopf schief und fragte Eva ganz ernst:

»Bin ich schön?«

Eva betrachtete Marthas dunkle Augen, ihre süße Stupsnase, ihren leicht offen stehenden Mund und ihr sanft gelocktes Haar. Und wieder spürte sie das Kribbeln in ihrem Bauch. Sie trat zu ihr, legte ihre Hand an Marthas Wange und legte all ihre Liebe in die Worte.

»Du bist wunderschön.«

Lisbeth trocknete ihre und Mariechens Tränen, bevor sie hinter Karl das Haus betrat. Sie wollte nicht, dass Mutter sie weinen sah. Vor der Haustür hatte Karl den Schlitten und die Schlittschuhe aufgestellt.

Mariechen zog an Lisbeths Ohrläppchen. Damit wollte sie sagen: »Hallo, ich bin auch noch da. Mir ist kalt, bring mich rein.«

Lisbeth trat sich noch kurz den Schnee von den Füßen und schloss die Haustür hinter sich. Sie setzte Maria auf den Boden und zog sich Jacke und Schuhe aus. Mutter kam und nahm Mariechen auf den Arm. Sie gab ihr einen sanften Kuss auf die Nase, und Maria lachte.

»Wie war es? Hattet ihr Spaß?«, fragte Mutter an Lisbeth und Karl gewandt.

»Schön«, antworteten die beiden halbherzig. Lisbeth musste sich auf die Lippe beißen, um nichts von Wolfgang zu erzählen.

Lisbeth saß mit ihrer ganzen Familie am Esstisch. Eva war vor einer halben Stunde auch zurückgekommen, hatte bisher aber nichts von dem schmutzigen Kleid gesagt. Mutter hatte Eintopf gekocht. Mariechen jedoch aß kleine Brotstückchen von einem Teller. Vater zog Grimassen, machte Witze über Hitler, und selbst dem sonst immer so ernsten Willi, dem ältesten der fünf Geschwister, fiel es schwer, ein Lachen zu unterdrücken.

Alles war so, wie es sein sollte.

Alles war gut.

Eva hatte Mutter immer noch nichts von dem dreckigen Kleid erzählt, und Lisbeth war sehr froh darüber. Auf sie wirkte Eva so, als wäre sie mit ihren Gedanken ganz woanders. Sie hatte nicht wirklich über Vaters Witze gelacht und hatte sich nur halbherzig über Mutters Dank für die Hilfe beim Tischabdecken gefreut. So kannte Lisbeth ihre Schwester nicht.

Doch schnell hatte sie ihre Bedenken beiseitegeschoben und spielte mit Mariechen und Karl.

4. Kapitel

Am nächsten Tag zog die ganze Familie ihre besten Kleider an, da die Brauns kommen sollten. Lisbeth fiel es schwer stillzu-halten, während Eva ihr die Haare zu zwei strengen Zöpfen zu-sammenflocht. Lisbeth mochte den Sohn der Brauns, Otto, und wollte ihm unbedingt gefallen.

Sie drehte sich zu ihrer Schwester um, die sichtlich genervt schien.

»Kannst du mir noch Blumen in die Haare machen, ich will heute besonders schön aussehen.«

»Wenn du nicht endlich aufhörst zu zappeln, wird das nichts«, antwortete Eva, nicht ohne ein Schmunzeln in der Stimme.

Der verführerische Duft von kräutergespicktem Braten waberte durch die Wohnung. So was Leckeres hatte Lisbeth seit Beginn des Krieges nicht mehr gerochen. Vater hatte den besten Wein aus dem Keller geholt. Alles nur für Willi und Anna, die Tochter der Brauns, die bald heiraten sollten.

Schon sah Lisbeth die Familie die Straße entlangkommen.

»Sie sind da, sie sind da!«, rief sie aus vollem Hals. Willi rückte sich noch seine Fliege zurecht und öffnete die Haustür mit einem strahlenden Lächeln. Er nahm Anna den Mantel ab und führte sie ins Esszimmer.

Der Tisch war festlich gedeckt, und drei Kerzen verbreiteten warmes Licht. Es war ein schöner Abend, fand Lisbeth. Man hörte Besteck klappern, und es wurde gelacht. Vater schenkte den Erwachsenen Wein ein. Er erhob sich, um einen Trinkspruch zu sprechen.

»Auf Anna und auf Willi, dass ihre Heirat unsere beiden Familien vereinen möge.«

»Und auf Hitler und ein glänzendes Deutschland«, fügte Herr Braun hinzu und das Lächeln des Vaters verhärtete sich. Die Erwachsenen stießen an, und Mutter sagte etwas zu Eva, diese nickte, stand auf und ging zu Lisbeth hinüber. »Mutter sagt, ihr sollt nun ins Bett gehen, Otto geht sicher auch gleich. Verabschiede dich.«

Sie taten artig, was Mutter gesagt hatte, und brachten auch Mariechen ins Bett.

Doch Lisbeth schlich sich wieder aus dem Zimmer, das Eva, Mariechen und Lisbeth sich teilten, und setzte sich an die oberste Treppenstufe, wo sie oft saß, wenn sie nicht schlafen konnte.

Ihr Nachthemd war dünn und die Stufe kalt, doch der Platz war zu gut, um ihn zu verlassen. Man hörte und sah alles, wurde aber selbst weder gesehen noch gehört.

Die Männer hatten sichtlich schon etwas zu viel Wein getrunken, und Vater schenkte Herrn Braun immer noch mehr ein. Sie lachten unentwegt, und die Stimmung schien gelöst. Lisbeth wusste, warum Mutter nicht wollte, dass sie zuhörten. Immer wieder fielen auch Schimpfwörter. Vater zog Mutter zu sich heran und küsste sie.

»Hol uns noch was aus dem Keller, Liebling, unser Gast ist durstig.«

Lisbeth hörte Mutter lachend die Treppe zum Keller hintersteigen. Die Männer redeten über die Leute im Dorf. Anna und Frau Braun lachten ab und zu, hörten aber meistens nur zu.

Otto war schon gegangen, aber Lisbeth dachte darüber nach, wie es wäre, wenn sie beide irgendwann dort unten sitzen würden. Zusammen lachten, und dann würde sie nach unten in den Keller gehen und neuen Wein holen.

Plötzlich riss sie ein Name aus den Träumereien. Das Lachen war verstummt, und alle Blicke hatten sich aufmerksam auf Herrn Braun gerichtet.

»Also, ich mein ja nur wegen dieser Maria, ich hab da was gehört. Hitler hat gesagt, für solche Fälle gibt es eine Lösung«, sagte Herr Braun an Vater gewandt. Mutter war aus dem Keller zurück, sie hielt eine Flasche Wein in der Hand. Über Lisbeth knarzte eine Treppenstufe. Sonst war es gespenstisch still geworden im Haus.

Herr Braun durchbrach die Stille: »Die bekloppte Meiers Martha ... ist die nicht genauso alt wie eure Eva? ... wollen sie auch abgeben. Peter, ihr müsst sie nur morgen zum Transportwagen bringen, und schon seid ihr alle Sorgen los.«

Eine Glasflasche zerbarst auf dem Steinboden. Mutter hatte die Weinflasche fallen lassen. Ihr weißes Kleid war nun rot gesprenkelt.

»Elisabeth.« Eine Hand hatte sich auf Lisbeths Schulter gelegt. Sie drehte sich um. Dort stand Eva, die Augen schreckgeweitet. »Geh sofort nach oben in dein Zimmer. Du hast genug gehört«, zischte sie ihr zu, und Lisbeth lief los. Die Augen mit Tränen gefüllt.

Eva war leise aus dem Zimmer geschlichen, als sie bemerkt hatte, dass Lisbeth nicht mehr da war. Von unten hörte sie Herrn Braun sagen: »Die bekloppte Meiers Martha … ist die nicht genauso alt wie eure Eva? … wollen sie auch abgeben. Peter, ihr müsst sie nur morgen zum Transportwagen bringen, und schon seid ihr alle Sorgen los.« In Eva brach eine Welt zusammen. Das konnte doch nicht wahr sein. Dieser scheiß Hitler wollte ihr Martha und ihre Schwester nehmen?

Eva sah noch die Weinflasche aus den Händen ihrer Mutter wie in Zeitlupe zu Boden fallen, hörte das brechende Glas, aber nur gedämpft, als wäre sie unter Wasser. Sie trat an Lisbeth heran und schickte sie zurück, hoch in ihr Zimmer, alles geschah wie im Traum. Das Einzige, woran sie dachte, war Martha. Die ehrliche, zauberhafte und einfach wunderschöne Martha. Sie setzte sich dahin, wo Lisbeth vorher gesessen hatte, und die Welt brach wieder über sie herein.

Vater war aufgestanden. Sein Gesicht war gerötet vom Alkohol, aber auch von der Wut auf Herrn Braun. Er stützte sich auf den Tisch und brüllte ihn an: »Ihr kriegt Mariechen nur über meine Leiche! Raus, sofort raus aus meinem Haus!«

Die Brauns standen auf, rissen ihre Mäntel an sich, und wenig später krachte die Haustür hinter ihnen ins Schloss. Vater brach auf seinem Stuhl zusammen. Mutter trat an ihn heran, und Eva sah ihren Vater das erste Mal weinen.

5. Kapitel

Als die ersten Sonnenstrahlen durch die gelben Vorhänge des Zimmers brachen, erhellten sie ein kleines Mädchen, das zusammengerollt neben einem Kinderbettchen lag. Ohne Decke, das Gesicht verzerrt, als hätte es sich in den Schlaf geweint.

Eva stand auf, hob ihre kleine Schwester Elisabeth hoch und legte sie in ihr Bett. Deckte sie zu, küsste sie auf die Stirn und trat zum Kinderbettchen. Dort lag Mariechen. Sie schlief selig. Nicht ahnend, was am Tag zuvor geschehen war und wie viele Tränen ihretwegen vergossen worden waren. Evas schöne Gedanken wurden von einem Bild verdrängt. Dem Bild von Martha. Das Sonnenlicht schien für sie nicht mehr so hell wie zuvor. Eva trat auf den noch dunklen Flur hinaus und schloss die Tür leise hinter sich, um niemanden zu wecken.

Wenig später stand Eva vor der Haustür, den Schal um den Hals gewickelt und die Hände in den Taschen. Der Himmel war strahlend blau, und der Tag versuchte, sich von seiner besten Seite zu zeigen. Doch Eva gab sich nicht dieser Schönheit hin, sondern betrachtete die spielenden Nachbarskinder mit Wehmut. Ihre Schritte trugen sie wie von allein über die schneebedeckten Straßen zu Marthas Haus. Sie wusste, dass Frau Meier früh auf war und Eva auch zu Martha lassen würde. Frau Meier öffnete.

»Ich möchte Martha zu einem Spaziergang abholen«, sagte Eva.

Frau Meier schaute nervös zu Boden: »Sie ist krank.«

Dieser Satz machte Eva traurig, weil sie in Frau Meiers Augen erkannte, dass er eine Lüge war. Sie hatte Mitleid mit Frau Meier, die sich so sehr ein Leben nur mit ihrem Gretchen wünschte. Die so sehr gehofft hatte, dass Martha dieses zweite Gretchen wäre. Und sie war zu schwach, um Martha anders zu akzeptieren.

»Ich weiß, dass Martha nicht krank ist. Sie soll heute Abend weggebracht werden«, sagte Eva nach einer kurzen Pause, »aber bitte lassen Sie mich noch einen schönen Tag mit ihr verbringen, bevor sie wegmuss.«

Frau Meier trat zur Seite und ließ sie durch.

Zu Martha.

Lisbeth wachte auf. In ihrem Bett, nicht auf dem Boden neben Mariechen. Sofort stand sie auf. Musste überprüfen, ob Mariechen noch da war. Sie nahm sie auf den Arm und ging in die Küche.

Eva war weder dort noch sonst irgendwo im Haus. Stattdessen traf sie Mutter, die in der Küche summend das Frühstück zubereitete.

Als sie Lisbeth in der Tür stehen sah, wollte sie ihr Mariechen abnehmen. Doch Lisbeth ließ das nicht zu und schaute ihre Mutter nur böse an. Diese ging vor Lisbeth in die Knie und fragte:

»Was hast du, mein Schatz?«

»Du darfst Mariechen nicht wegbringen!«

»Wie kommst du denn darauf, wir haben Mariechen doch alle lieb«, sagte sie. Dann begriff Mutter, und ein trauriger Blick löste ihr Lächeln ab. »Meine Kleine, hör mir zu, das ist jetzt ganz wichtig, und ich möchte, dass du das verstehst. Wir würden nie, nie, niemals Mariechen abgeben. Wir haben sie alle lieb, und es stimmt überhaupt nichts von dem, was der Hitler sagt. Maria gehört zu uns und bleibt auch für immer bei uns. Hast du das verstanden?«

Lisbeth war still geworden und ließ Mariechen endlich los. Sie schluckte den Kloß in ihrem Hals hinunter und nickte. Mutter schloss beide in die Arme, und einen Moment hörte man nichts, außer ihr Atmen, das langsam, aber stetig ging.

Eva lächelte. Endlich hatte sie ihre Sorgen aus ihrem Kopf vertreiben können. Gerade gab es für sie nur das Jetzt. Ein Jetzt mit Martha, nirgendwo war ein Morgen ohne Martha in Sicht. Die beiden Mädchen lachten, rannten durch den Schnee und wurden schließlich still. Sie sahen sich fest in die Augen, und Eva dachte sich, dass dieser Tag zu wertvoll war, um ihn ungenutzt verstreichen zu lassen. Also griff sie Marthas beide Hände, und sie drehten sich im Kreis wie zwei kleine Kinder. Marthas aufgeregtes Lachen war so glockenhell, dass es sich fast wie das eines Engels anhörte. Gemeinsam fielen sie lachend in die nächste Schneewehe. Martha kuschelte sich wie ein Kätzchen ganz eng an Eva, um sich warmzuhalten.

»Machen wir das morgen wieder?«, flüsterte Martha ganz dicht an Evas Ohr und kuschelte sich noch fester an sie. Zum Glück sah Martha nicht, wie Evas Lächeln zu schwinden begann. Sie wollte nicht daran denken, dass heute ihr letzter gemeinsamer Tag war.

»Auf jeden Fall!«

Als die beiden auf dem Heimweg waren, beschlichen Eva wieder die Gedanken an den kommenden Abend. Dieser Gedanke tat weh. Doch noch mehr schmerzte sie der Gedanke an Martha, die fröhlich neben ihr durch den Schnee stapfte, die ehrliche, harmlose und unwissende Martha.

Ihr Lächeln ging von einem Ohr zum anderen, als sie sagte:

»Das war der schönste Tag meines Lebens.«

Auch Eva trieb es ein Lächeln aufs Gesicht, wenn auch ein eher wehmütiges. Sie blieb stehen und sah Martha in die schönen, dunklen Augen. Sie hatte sich das Beste, aber auch das Schwierigste für den Schluss aufgehoben. Für den Abschied.

»Bevor ich gehe, möchte ich dir noch etwas geben.«

Eva wusste nicht genau, warum, aber sie hatte den starken

Wunsch, Martha ganz nah zu sein. Sie zog Martha an sich und küsste sie. All ihre Wut, Angst und Traurigkeit lösten sich für einen Moment in unbändiger Liebe zu Martha auf. Erst war Martha überrascht, doch dann schien sie den Kuss genauso schön zu finden wie Eva. Als die beiden sich voneinander lösten, waren Marthas Wangen gerötet.

»Ich hab dich lieb, Eva.«

»Ich dich auch.«

Eva nahm Marthas Hand und flüsterte ihr ins Ohr: »Du bist ein wunderschöner Mensch, Martha, vergiss das nie.«

Martha kicherte, und sie gingen Hand in Hand nach Hause. Martha war unbekümmert, Eva voller Sorge.

6. Kapitel

Der Wasserhahn tropfte und durchbrach das Schweigen, das zwischen Frau Meier und Eva herrschte. Martha war weg. Seit gestern Abend. In Eva war alles schwarz. Schwarz vor Verzweiflung. Was konnte sie schon ändern, wenn Erwachsene der Meinung waren, recht zu haben? Eva hob den Blick und fragte Frau Meier mit tränenerstickter Stimme: »Warum?«

»Weil es das Beste für sie ist. Dort kann ihr geholfen werden, damit sie endlich normal wird.«

Damit sie endlich wie Gretchen wird, fügte Eva in Gedanken hinzu.

Eva war traurig, weil sie nicht wusste, was jetzt mit Martha passierte. Sie war überzeugt, dass es Martha da nicht besser ging, wo sie jetzt war. Kommt sie zurück? Martha soll zu Hause sein. Sie soll auch bei Eva sein. Wie konnte Frau Meier Martha einfach so ausliefern? Was konnte Eva schon dagegen tun?

Lisbeth und Eva standen am Fenster. Drei Jahre waren seit dem Abschied vergangen, Lisbeth war zur Jugendlichen herangewachsen und Eva zur jungen Frau. Lisbeth trug Mariechen auf dem Arm. Sie hatte sich kaum verändert. Gemeinsam betrachteten die drei Schwestern den langen Zug aus Planwagen, der die Straße entlangfuhr. Tausende Soldaten waren im Krieg gefallen, und nur einige hatten überlebt. Doch diese kehrten nach dem verlorenen Krieg zurück zu ihren Familien. Aber weder Eva noch Lisbeth dachten über den Krieg nach. Evas Gedanken waren bei Martha und Lisbeths bei jenem Tag, als Mariechen überlebte.

Epilog

Das Feuer war fast erloschen, und nur noch die Asche glühte rot. Der alten Frau lief eine Träne über das Gesicht und versickerte in ihrem Schal. Leise tickte die Wanduhr in der Ecke und störte als Einzige die Stille. Gerade noch so konnte ich den Umriss des Schwarz-Weiß-Fotos auf dem kleinen Beistelltisch erkennen. Und ich wusste auch ohne Licht, dass darauf ein Mädchen mit dunklen Haaren und dunklen Augen abgebildet war. Obwohl dieses Detail nicht auf dem Bild zu sehen war, vermutete ich, dass ihr Rockzipfel feucht gewesen war.

ALONJA RHIE

wohnt mit ihrem Bruder, ihren Eltern, zwei Katzen und einem Hund in einem Dorf in der Eifel. Sie liebt Theaterspielen, Tanzen und Reisen – und natürlich das Schreiben. Schon in ihrer Kindheit las sie viel und spürte früh das Verlangen, ihre Ideen aufs Papier zu bringen.

ELISABETH SCHWEIMLER
Täuschend echt

»Haben Sie schon einmal darüber nachgedacht, Mister, was wäre, wenn all das hier um Sie herum nur simuliert und Sie in Wahrheit ganz alleine sind?«, fragte der Barkeeper mit einer leicht näselnden Stimme, während er mir einen Brandy eingoss.

Ich war noch nicht oft in Bars gewesen, aber dies war eindeutig kein Satz, mit dem man einen Kunden üblicherweise in ein Gespräch verwickelte. Jedenfalls wenn man wollte, dass besagter Kunde wiederkam. Was diese anscheinend auch nicht oft taten, wenn man sich so in dem leeren heruntergekommenen Raum umsah.

»Nein, darüber habe ich noch nie nachgedacht«, antwortete ich ehrlich.

Der Mann, dessen Schnurrbart wirklich unglücklich geschnitten war – die Haare standen in alle Richtungen ab, als habe er in eine Steckdose gefasst –, schien mehr als das hören zu wollen.

»Aber das wäre natürlich ein interessanter Gedanke«, versuchte ich mich an einer Erläuterung.

»Ja, nicht wahr?« Die Augen des Mannes leuchteten auf.

Oh Mann, das konnte ein wirklich interessantes Gespräch

werden. Eigentlich hatte ich mich nur davon ablenken wollen, dass mich mein Chef gerade gefeuert hatte, ohne einen wirklichen Anlass zu haben. Nun gut, ich hatte mehrere Male den Abgabetermin für meine Zeitungsartikel nicht eingehalten und diese erst einen Tag später in der Redaktion abgegeben, aber ansonsten war meine Weste komplett weiß.

»Dann würde ich gar nicht existieren, und diese Bar«, er machte eine ausschweifende Geste, »wäre auch gar nicht real.«

Da hatte er natürlich recht. *Falls* das alles eine Simulation war. Was ich natürlich nicht einmal in Erwägung zog, er allerdings für gut möglich zu halten schien.

»Das heißt, der hier«, ich hob den Brandy kurz in die Höhe, »wäre auch nicht echt.«

»Jaja, ganz genau«, entgegnete der Barkeeper, sichtlich begeistert, dass ich begriffen hatte.

Ich war aber noch nicht fertig: »Und für etwas, das nicht echt ist, muss man nicht bezahlen, richtig?«

»Nun, das ist wahr.«

»Dann wünsche ich Ihnen noch einen schönen Abend«, sagte ich, stellte das Glas auf der Bar ab und verließ das Gebäude durch die Holztür, die nur noch in einer Angel hing.

Ich ahnte, wie verdattert der Mann mir nachstarrte. Und nach diesem nervenaufreibenden Tag, schließlich war ich heute meinen Job losgeworden, gab es mir eine gewisse Genugtuung, den Barkeeper ein wenig auf den Arm zu nehmen. Aber wer glaubte auch an so einen Schwachsinn?

Da es Winter war, überzog eine dünne Schneedecke die gepflasterten Straßen, und ein eisiger Wind pfiff zwischen den belebten Großstadthäusern hindurch, was meine Haare durcheinanderbrachte. Ich zog meinen Mantel enger um meinen Körper und marschierte auf direktem Weg zurück zu meiner Wohnung.

Vielleicht hatte meine Frau ja schon gekocht? Eine wärmende Suppe könnte mein Gemüt eventuell ein wenig aufhellen. Ich hatte mittlerweile wirklich Hunger.

An den Häuserdächern und an den Laternen hatten sich bereits große Eiszapfen gebildet, weshalb ich mir Mühe gab, nicht unter einen solchen zu geraten, aus Angst, er könnte mir auf den Kopf fallen. Das konnte ich nun wirklich nicht gebrauchen. Jeder meiner Schritte machte ein knirschendes Geräusch, obwohl der Schnee nicht hoch war. Dafür war es umso kälter. Wenn ich mich recht erinnerte – bei den Nachrichten nickte ich immer halb weg –, so wurde dies als der kälteste Winter innerhalb der letzten zweihundert Jahre bezeichnet. Und trotzdem dieser mickrige Schnee, also wirklich.

Ich bog rechts auf einen Zebrastreifen ab und hatte mit entschlossenen Schritten schon die halbe Straße überquert, als ich plötzlich innehielt. Statt des üblichen Schneegeräusches erklang nun eine Art elektrisches Surren, als mein Fuß den Boden berührte. In etwa so, als ob die Isolierung eines gigantischen Stromkabels beschädigt wäre und dies den Boden erzittern ließ.

Das nächste Geräusch, das ich wahrnahm, war das eines Motors. Einer, der jedoch nicht am Zebrastreifen verstummte. Ich drehte den Kopf nach rechts, von woher das Geräusch kam, und wurde sofort vom gleißenden Licht der Autoscheinwerfer geblendet. Ich hielt den Arm schützend vor die Augen.

In diesem Moment verspürte ich keine Angst, weil alles einfach zu schnell ging und mein Gehirn da einfach nicht mithalten konnte. Es schaltete ja schon bei Gesprächen mit meiner Mutter über ihren morgigen Geburtstag ab.

Bremsen quietschten, allerdings viel zu spät. Das Geräusch hallte in meinem Inneren noch nach.

Jede Sekunde erwartete ich einen Aufprall, hatte schon mein

Leben dazu gezwungen, in bunten Bildern an mir vorbeizuziehen, wie man immer liest, aber nichts geschah.

Ich hatte die Augen geschlossen und den Arm immer noch davor, doch plötzlich war alles ruhiger. Nur mein Herz klopfte noch schnell und hart in meinem Brustkorb.

Aus irgendeinem Grund *lag* ich auch. Nein, das heißt, als *Liegen* konnte dieser Zustand sicher nicht bezeichnet werden. Zwar befand ich mich in der Waagerechten, aber ich schien mehr zu schweben, als gäbe es keine Erdanziehungskraft mehr. Was natürlich vollkommener Unsinn war. Wohin sollte die denn verschwunden sein?

Es sei denn, ich war gar nicht mehr auf der Erde. Vermutlich war ich einfach tot. Ja, so musste es sein. Nach dem Tod hielt sich sicher niemand mehr mit Schwerkraft auf. Mein irdisches Leben war vorbei.

Ich nahm die Arme vom Gesicht und öffnete die Augen. Strahlendes Licht umgab mich, sodass ich mein Blickfeld mit der Hand abschirmen musste. Langsam gewöhnten sich meine Augen allerdings an den neuen Zustand, und ich schaute mich um.

Viel zu sehen gab es allerdings nicht. Alles war strahlend weiß. Sowohl vor mir als auch hinter, über, unter und neben mir. Ich versuchte, mich irgendwie aufzusetzen, was sich als gar nicht so einfach herausstellte, da dieser Ort ja – wie gesagt – keine wirkliche Schwerkraft besaß. Vielleicht befand ich mich doch nicht im Leben nach dem Tod? Wusste man das, wenn man gestorben war? Ich war noch nie gestorben und konnte daher nicht aus Erfahrung sprechen.

Generell hatte ich noch keine Erlebnisse mit weißen, leeren Orten gehabt – wenn man das karge Arbeitszimmer meiner Frau nicht mitzählte. Was war das hier für ein Ort?

»Hallo?«, rief ich doch recht einfallslos in die große weiße

Leere hinein. Aber mein Gehirn war irgendwie benebelt, sodass ich nicht richtig denken konnte.

Ich meinte, weiter hinten farbige Schlieren zu erkennen, die aber sofort wieder verblassten und an einem anderen Ort auftauchten. In etwa solche wie die, die man sieht, wenn man die Augen geschlossen hat, jedoch versucht, die Innenseite des Lids anzuschauen. Besser war das hier einfach nicht zu beschreiben.

»Hallo«, sagte eine Stimme hinter mir, die ich verschwommen erkannte.

Ich drehte den Kopf herum. Hinter mir stand der Barkeeper, den Blick auf sein Tablet gerichtet, auf dem er geschäftig herumtippte.

Mir fiel sofort wieder sein grauenvoller Bart auf.

»Wir haben gerade ein paar technische Schwierigkeiten«, sagte er ruhig, immer noch, ohne mich anzusehen.

»Man kennt's«, entgegnete ich, ebenfalls gelassen. »Man bastelt ewig daran herum, und zum Schluss war es ein einziger falsch umgelegter Schalter.«

Warum sagte ich denn so etwas? Sollte ich nicht viel lieber in Erfahrung bringen, was das hier war?

»Ganz genau.« Die Augen des Mannes, die sich nun auf mich richteten, nahmen wieder den gleichen begeisterten Ausdruck an wie noch vorhin in der Bar. »Aber in diesem Fall weiß ich genau, was man tun muss, um das Problem zu lösen.«

»Ach ja?«, fragte ich.

»Nun, man müsste die Laternen enteisen. Sind ganz zugefroren bei diesen Temperaturen.«

Ich dachte an die Eiszapfen, die mir vorhin an den Straßenbeleuchtungen aufgefallen waren, und nickte zustimmend. »Aber was ist denn so schlimm daran, dass die Laternen zugefroren sind? Sie können doch einfach bis zum Sommer warten.«

»Das wäre nur möglich, wenn Sie bereit wären, das nächste halbe Jahr hier zu verbringen.«

Ich sah mich um und entschied, dass ich das lieber nicht wollte.

»Was haben denn die Laternen mit mir zu tun?«, fragte ich ihn.

»Na ja.« Nun steckte er sein Tablet in eine Umhängetasche, die er dabeihatte. »Darüber wird die Simulation gesteuert. Durch kleine Projektoren, die in den Glühbirnen eingebaut sind. Tja, die sind durch die Kälte eingefroren und teilweise zersprungen.« Bedauernd schüttelte er den Kopf und schien nun mehr zu sich selbst zu sprechen: »Man müsste das Interface nur noch einmal konfigurieren, um den Schaden zu beheben und das Tardum auf die richtige Frequenz zu bringen ...«

Ich fühlte mich ein wenig ausgeschlossen, hing aber immer noch an den Informationen vor dem Technikgelaber fest: Hatte er mir wirklich gerade von irgendwelchen Glühbirnen in Laternen erzählt, die eine Simulation steuerten? Dieser Barkeeper hatte doch einen an der Waffel.

Ungeduldig begann ich, mit den Fingern auf meine Beine zu trommeln.

Nachdem er das Gespräch mit sich selbst abgeschlossen hatte, wandte er sich wieder an mich: »Das ist vielleicht alles erst einmal ein bisschen viel, aber keine Sorge, wir werden Ihr Gedächtnis nach diesem Zwischenfall löschen. Das hat letztes Mal ja auch geklappt.«

Ich stieß ein ungläubiges Grunzen hervor und zog eine Augenbraue hoch. Eine Kunst, die ich lange vor dem Spiegel perfektioniert hatte. »Letztes Mal?«

»Ja, da hatte sich ein Vogel, wie auch immer, an einem Projektor den Kopf gestoßen und diesen dadurch beschädigt. Das war leider die Laterne für Ihre Ehefrau, wir haben Sie dann kurz hierhergeholt, um das Problem zu beheben. Das ist übrigens auch dieses Mal der Problemprojektor.«

Ich hörte seine Worte, aber verstand ich sie wirklich? Oh, welch poetischer Gedanke!

»Das heißt«, hakte ich nach, »dass Sie vorhin in der Bar recht hatten und mein ganzes Leben eine Simulation ist, die von Laternen aus gesteuert wird?«

»Ja, aber sicher«, entgegnete der Mann.

»Und warum haben Sie mich darauf angesprochen, wenn es doch ein Geheimnis ist?«, fragte ich.

Der Barkeeper kratzte sich am Hinterkopf. »Wir fragen Sie das einmal im Monat, um zu schauen, ob Sie vielleicht etwas mitbekommen haben. Danach wird Ihr Gedächtnis immer gelöscht, da muss wohl dieses Mal etwas schiefgelaufen sein. Ich überprüfe das mal und kümmere mich dann darum, dass Sie schnell wieder nach Hause können.«

»Aber warum simulieren Sie mein Leben überhaupt? Und warum nicht ein anderes?«, rief ich ihm noch hinterher, aber er hörte mich nicht. Oder er hatte keine Lust zu antworten.

Mist, diese Fragen hätte ich ihm als Erstes stellen sollen, aber mein Kopf war zu benebelt gewesen. Ich hatte mit ihm ein wenig zielführendes Gespräch geführt, hatte einfach nur gesagt, was mein Kopf mir dumpf aufgetragen hatte. Lag das an diesem Ort hier? Theoretisch müsste ich auch viel beunruhigter darüber sein, dass mein ganzes Leben angeblich eine Lüge war. Jedoch schaltete sich mein Kopf nach dieser Erkenntnis wieder in den Benebelungs-Modus, der alle überflüssigen Gedanken ausblendete.

Ich versuchte, mich aufzurappeln, um dem Barkeeper zu folgen. Aber da es keinen wirklichen Boden gab, fanden meine Füße keinen Halt, und ich glitt in einen waghalsigen Purzelbaum über, den ich im irdischen Leben in meinem Alter sicher nicht mehr draufgehabt hätte.

In Astronautenfilmen – bei denen ich auch immer wegnickte – sah man oft, dass diese mit Schwimmbewegungen im All vorwärtskamen. Das war zwar Unsinn – da es im All keine Luft gab –, aber vielleicht funktionierte es ja hier, schließlich konnte ich atmen.

Ich machte die typischen Froschbewegungen mit den Beinen und die Wasser zur Seite schiebende Bewegung mit den Armen, die man Kindern im Schwimmunterricht immer einschärft.

Zwar bewegte ich mich nur langsam, aber ich kam vorwärts. Warum hatte es der Barkeeper überhaupt geschafft, zu gehen und zu laufen? Warum klappte das bei mir nicht?

Mittlerweile war er gänzlich von dem weißen Nichts verschluckt worden.

Für ein paar Minuten bewegte ich mich so fort, glitt langsam in die Richtung, in die der Barkeeper – allerdings deutlich schneller als ich – gegangen war. Plötzlich ertastete ich unter meinen Füßen jedoch festen Boden. Und nun war da auch wieder Schwerkraft. Wie konnte das denn jetzt sein?

Diese sorgte nun dafür, dass ich relativ ruckartig auf dem ebenfalls strahlend weißen Boden aufschlug.

Ich erwartete Schmerz, doch ich empfand keinen. Als wären all meine körperlichen Bedürfnisse, mit Ausnahme des Atmens, deaktiviert, ich hatte auch keinen Hunger mehr. Und mir tat nichts weh.

Angenommen mein Leben wäre wirklich nur eine Simulation, dann wäre ja theoretisch auch der irdische Schmerz nicht real, weshalb dies durchaus Sinn ergab. *Falls* der Barkeeper recht hatte. Und irgendwie glaubte ich diesem ganzen Irrsinn immer noch nicht. Jetzt musste ich ihn aber erst einmal finden, um aus ihm weitere Infos herauszuquetschen.

In diesem Moment vernahm ich Stimmen. Die eine konnte ich relativ eindeutig dem Barkeeper zuordnen, die andere war unbekannt und weiblich.

»Wir müssten den hier ins Labor schicken und einen neuen bauen lassen«, sagte die Frau.

»Aber dann müsste der arme Kerl hier mehrere Wochen verbringen!«, entgegnete der Barkeeper.

Eine kurze Pause trat ein, dann meinte die Frau: »Warum sollte ihm das etwas ausmachen? Er muss hier doch nichts essen.«

Nun trat ich um eine Ecke – eine Ecke aus weißer Wand –, hinter der die beiden standen. Der Barkeeper hatte den Blick auf sein Tablet geheftet und sah die Frau nicht an. Diese war jung und recht attraktiv, hatte einen Pixie-Cut und trug einen schwarzen Anzug mit rosafarbener Krawatte. Interessante Farbwahl.

»Ich will aber nicht hierbleiben«, mischte ich mich ein, da ich mir Besseres vorstellen konnte, als die nächsten paar Wochen an diesem leblosen Ort zu verbringen. Außerdem wäre Mutter enttäuscht, wenn ich für ihren Geburtstag morgen so kurzfristig absagen würde. Ach, Moment, sie war ja vermutlich auch eine Simulation und dementsprechend gerade nicht aktiv. Praktisch. Aber das stimmte ja nicht. Mein Leben konnte keine Simulation sein. Oder?

»Anders bekommen wir den hier aber nicht repariert«, sagte die Frau. »Die inneren Leitungen sind zersprungen.« Sie hielt einen metallenen Würfel hoch, der etwa die Größe ihres Handballens besaß, und sah mich vorwurfsvoll an. Das war also einer dieser Projektoren.

»Wir müssen den nicht reparieren«, meinte der Barkeeper nun beschwichtigend an seine Kollegin gewandt, den Blick allerdings immer noch auf dem Tablet. »Wir lassen uns einfach einen neuen kommen.«

»Aber die Qualität ist bei den neuen nicht mehr so gut«, maulte sie und stemmte die Hände in die Hüften. Dabei ließ sie aus Versehen den Projektor fallen.

Mit schnellen Schritten war ich neben ihr und fing ihn auf. Wenn das der kaputte Projektor war – hielt ich dann gerade meine Frau in der Hand? Das war schon ein merkwürdiges Gefühl.

»Gib mir den«, sagte die Kollegin des Barkeepers.

»Nein«, entgegnete ich, »sagen Sie mir erst, warum Sie mir ein Leben simulieren.«

»Davon träumen Sie wohl!«

Ich wog den Würfel abwartend in der Hand. Perfekt, nun hatte ich ein Druckmittel gegen die beiden. »Ja, das alles erscheint in der Tat wie ein Traum. Aber den Würfel bekommen Sie trotzdem nicht zurück. Erst will ich Antworten.«

»Die geben wir Ihnen aber nicht«, antwortete der Barkeeper, der nun endlich sein Tablet weggepackt hatte. »Das hätte keinen Sinn. Wir löschen Ihr Gedächtnis ja sowieso.«

Da hatte ich einen Einfall, der genial war, wenn die Sache mit der Simulation tatsächlich stimmte und die beiden Macht über mein Leben hatten. »Sie bekommen den Würfel wieder, wenn Sie, sobald ich zurück in meinem Leben bin, dafür sorgen, dass ich meinen Job wiederbekomme.«

Doch die Frau schien damit nicht einverstanden zu sein und wollte das Ganze eher abkürzen, denn sie stürzte sich auf mich und zerrte an dem Würfel. Doch ich ließ nicht los, meine Finger waren fest um das kalte Metall geklammert. Stattdessen trat ich nach ihr, in der Hoffnung, sie würde lockerlassen. Was sie natürlich nicht tat.

Jetzt hatte sie irgendwie gar nichts mehr von der attraktiven jungen Frau. Sie erinnerte mehr an eine wütende Raubkatze. Sie bleckte sogar die Zähne, was sie noch tierähnlicher aussehen ließ.

Ich musste zwar zugeben, dass ich teilweise provokant werden konnte, aber das war ja nun schon übertrieben. Schließlich ging es hier ja auch um *meine* Frau und nicht etwa um ihre. Darum war ich eindeutig im Recht.

Nun trat der Barkeeper zwischen uns und versuchte, uns auseinanderzuzerren. Damit hatte ich ja auch kein Problem, solange ich den Würfel und somit mein Druckmittel behalten konnte. Aber die Frau schien den Projektor ebenfalls haben zu wollen, weshalb der Barkeeper nun offenbar entschied mitzukämpfen. Gegen mich. Also das war doch jetzt unfair. Zwei gegen einen!

Diese Ungerechtigkeit war auch der Grund, warum ich mich dazu hinreißen ließ, den Würfel auf den Mann zu schleudern. Das war natürlich nicht wirklich schlau, da wir ja nur zu kämpfen angefangen hatten, weil ich den Projektor behalten wollte. Aber jetzt ließ sich daran nichts mehr ändern.

Plötzlich sauste eine Faust mit hoher Geschwindigkeit auf mich zu, dann wurde es um mich herum schwarz.

Wie ironisch an diesem weißen Ort.

Als ich aufwachte, dröhnte mein Kopf. Ich lag zwar, konnte aber nichts mehr von meiner Umgebung identifizieren.

Ich öffnete langsam die Augen und wurde augenblicklich von gleißendem Licht geblendet, das durch die Vorhänge fiel.

In meinem Kopf herrschte gähnende Leere, und ich fühlte mich, als würde ein Teil fehlen. Dieses Phänomen hatte ich aber schon oft an mir bemerkt, und der Arzt, den ich einmal dazu befragt hatte, stufte dies damals als Gleichgewichtsstörung ein, ich solle mehr Sport machen. Frechheit. Ich bezweifelte, dass er einen medizinischen Abschluss hatte. Das hatte ich ihm aber nicht gesagt.

Plötzlich ertönte das Vibrieren einer kleinen elektrischen Glocke nahe an meinem linken Ohr.

Ich drehte den Kopf in die Richtung und erblickte meine Frau, die auf die Patientenklingel neben dem Bett, auf dem ich lag, drückte. Sie trug ihr grünes Lieblingskleid, welches ich gar nicht mochte, sie aber leider nie davon überzeugen konnte, es in die Altkleidersammlung zu geben. Dieser Farbton tat ihr allerdings leider wirklich keinen Gefallen.

Kurz darauf kam eine Schwester mit wichtigem Blick ins Zimmer.

»Er ist aufgewacht«, teilte meine Frau der Schwester mit und sah mich an.

Nach einem kurzen Umgebungscheck erkannte ich, dass ich mich in einem Krankenhaus befand. Eindeutig. Gelbe Vorhänge, die aussahen wie die im Badezimmer meiner Urgroßmutter – als sie noch gelebt hatte –, hässliche Bilder von zufällig verteilten Farbklecksen an der Wand. Es könnte sich auch um eine Zahnarztpraxis handeln, aber das ergäbe ja wenig Sinn.

Allerdings wollte ich das noch schnell überprüfen.

»Bin ich beim Zahnarzt?«, fragte ich meine Frau, die glücklicherweise die Hand vom Buzzer genommen hatte, das Vibrieren hatte aufgehört.

»Um Himmels willen, er ist ja ganz verwirrt«, meinte die Schwester an meine Frau gerichtet. Unverschämtheit.

»Nein, der ist immer so«, entgegnete meine Frau, und ich war sehr stolz auf ihre zutreffende Antwort. »Du bist im Krankenhaus, Schatz«, fügte sie an mich gewandt hinzu.

»Genau«, sagte die Schwester, »Sie hatten einen Autounfall, dadurch ein Schädel-Hirn-Trauma und ein gebrochenes Bein.

Wir haben Sie in ein künstliches Koma versetzt, aber alles ist gut verlaufen, und Sie dürfen bald gehen.«

Ich fühlte mich gerade wie nach einer Herz-, Magen- und Lungentransplantation. Nun erinnerte ich mich auch an das Auto, dessen grelle Scheinwerfer mich geblendet hatten. Das schien eine Ewigkeit her zu sein.

»Wann war der Unfall?«, fragte ich die Schwester.

»Vor einer Woche«, antwortete meine Frau an ihrer Stelle. »Zum Glück bist du endlich aufgewacht.«

»Ich habe meinen Job verloren«, erinnerte ich mich nun plötzlich.

Meine Frau sah mich beschwichtigend an. »Du wirst sowieso erst einmal nicht arbeiten können.«

Das sollte mich zwar beruhigen, aber dieser Effekt wurde nicht erzielt.

Die Schwester notierte sich etwas und erklärte dabei: »Wenn es Ihnen so weit gut geht, dann gehe ich jetzt wieder. Wenn Sie etwas brauchen, dürfen Sie mich aber gerne anklingeln.«

Sie verließ den Raum.

Zwei Wochen später wurde ich aus dem Krankenhaus entlassen, zusammen mit einem hässlichen Paar Krücken. Und ein paar Kilo Extragewicht, da ich von jeder Person, die mich kannte – obwohl ich schon längst vergessen hatte, dass ich sie kannte –, drei Tafeln Schokolade bekommen und alle davon gegessen hatte.

Meine Frau war mit dem Auto unterwegs nach Hause, um für mich zu kochen. Ich war nicht mitgefahren, da ich lieber laufen wollte, immerhin war ich drei Wochen im Krankenhaus einge- sperrt gewesen.

Die Kälte hatte seit meinem letzten Winterspaziergang vor drei Wochen abgenommen, und der Schnee war getaut. Dafür war nun alles nass, weshalb ich mit meinen Krücken nur langsam humpelte, um nicht auszurutschen.

Ich ließ von einer Kartenapp den geschicktesten Weg berechnen. Dabei versuchte ich weiterzugehen, ohne meine Krücken zu verlieren. Plötzlich rempelte mich jemand an, und das hätte mich fast mein wertvolles Gleichgewicht gekostet. Während ich weiterging, drehte ich mich zu dem Mann um, welcher mich ebenfalls ansah. Es war der Barkeeper, der mich vor einer Woche etwas gefragt hatte, was ich höchst merkwürdig fand. Aber ich konnte mich nicht erinnern, was es gewesen war. Jedoch schob ich dies auf den Unfall, gepaart mit meinem schlechten Gedächtnis.

Warum löste sein Anblick in mir so ein mulmiges Gefühl aus? War er nicht einfach nur ein Barkeeper?

Wie zum Gruß hob er die Hand und verschwand um die nächste Häuserecke. Es hätten nur noch ein wehender Mantel und Zeitlupe gefehlt, um das Bild eines geheimnisvollen Detektivs komplett zu machen.

Ich hatte ihn so gebannt angestarrt, dass ich nicht gemerkt hatte, wo ich hinlief, und so kurzerhand gegen eine Laterne stieß. Na super. Ich hatte eine Krücke fallen gelassen und wollte mich gerade bücken und sie aufheben, als mir aus der Laternenglühbirne ein metallener Würfel in die Hand fiel.

ELISABETH SCHWEIMLER

besucht das Martin-Schongauer-Gymnasium in Breisach,
wo sie zusammen mit ihren Eltern und zwei Schwestern lebt.
Seit der ersten Klasse schreibt sie leidenschaftlich gern Geschichten.
Außerdem spielt sie Klavier, produziert Musik und wirkt in
englischsprachigen Theateraufführungen mit.

HANNAH ZIEGER

KLICK!

Die Sonne wärmt meine schwarz-silberne Plastikkarosserie. Ich liege in den mit Erde beschmutzten Händen eines Mannes. Sein Finger zittert leicht, als er zum ersten Mal seit zwanzig Jahren wieder meinen Auslöser drückt. Mit dem besten Klick, den ich habe, fange ich das Bild ein. Die Augen des Mannes leuchten, als er es auf meinem Rücken sieht. Zärtlich streicht er mit seinen Fingern darüber. Es ist ungewohnt, nach so langer Zeit wieder zu fotografieren, aber auch unglaublich schön. Das Fotografieren ist der Grund meiner Existenz. Denn ich bin eine *Kodak DC 25*, die legendäre allererste Digitalkamera der Welt. Und ich glaube, meine Geschichte ist anders als die der meisten Kameras. Darum will ich sie erzählen:

Ich weiß nicht mehr viel darüber, wo und wie ich hergestellt wurde. Das Einzige, woran ich mich erinnere, ist, wie ich in einen Karton gelegt und es ganz plötzlich dunkel um mich herum wurde. Wochenlang umfing mich diese rabenschwarze Dunkelheit. Hin und wieder ruckelte es in dem Karton etwas, bis auch das irgendwann endete. Ich wusste noch nicht, zu welchem Zweck ich geschaffen worden war. Klar, ich wusste, dass ich eine Kamera war, aber was bedeutete das? Während dieser Zeit dachte ich häufig darüber nach, ob meine Existenz auch eine tiefere Bedeutung hätte. Schon bald sollte ich Antworten bekommen. Stück für Stück, fast mein ganzes Leben lang. Es fing mit einem Ruckeln an und dann … wurde der Deckel des Kartons aufgeschlagen. Zum ersten Mal in meinem Leben sah ich Sonnenlicht. Es war atemberaubend, wie es den ganzen Raum flutete und die vielen Kisten und Maschinen in goldenes Licht tauchte. Ich verspürte den Drang, dieses Bild einzufangen und für die Ewigkeit zu konservieren. Im gleichen Augenblick stellten sich zwei Menschen mitten in mein Sichtfeld. Einer davon war ein kleinerer Mann mit Glatze und dunkelblauem Anzug, in dem sein enormer Bauch versuchte, sich noch ein bisschen mehr Platz zu erkämpfen.

»Sie ist ganz neu herausgekommen! Ich kann Ihnen versichern, das ist das beste Modell, das es derzeit gibt! Die Kamera hat einen optischen Sucher, einen eingebauten Blitz und einen LCD-Bildschirm! Ich kann sie Ihnen allein schon wegen der Wiedergabefunktion empfehlen. Ihr Mann, na ja, zukünftiger Mann, kann mit diesem Schmuckstück die Bilder direkt anschauen oder löschen. Wobei ich bezweifle, dass ihm mit diesem Schmuckstück irgendwelche Bilder misslingen werden«, sprudelte er und sah die Frau neben sich erwartungsvoll an. Sie war schlank und etwas größer als der Mann. Ihre roten Locken fielen ihr offen über die Schultern und bildeten den perfekten Kontrast zu ihrer dunklen Jeansjacke. Mich überkam schon wieder der Drang, diesen Anblick haltbar zu machen, so schön war sie. »Das wird ihm gefallen, das mit der Wiedergabefunktion meine ich. Ich nehme sie mit«, sagte sie mit einer angenehm hellen Stimme. Ein Lächeln umspielte ihre rosigen Lippen.

Und erneut schloss sich der Deckel über mir.

Dunkelheit.

Ein paar Tage später begann dieses verfluchte Ruckeln erneut. Ich hasste es mittlerweile wirklich sehr. Aber man wusste ja auch nie, was danach passieren würde! Vielleicht sehe ich die Frau wieder? Oder vielleicht die Sonne? Bitte, die Sonne!, dachte ich. Und tatsächlich sah ich wirklich beide wieder. Und noch vieles mehr.

Ich befand mich auf einer weiten Wiese. Das Gras war saftig grün, und überall sprossen Gänseblümchen, Kleeblumen, ein ganzes Meer von Wiesenblumen. Um mich waren bunte Decken ausgebreitet, auf denen muntere Menschen saßen. Ein paar Meter entfernt lagen kleine Holzboote am Ufer eines Baches. Der Bachlauf war gesäumt von Weiden, Haselnusssträuchern, Mirabellenbäumchen und Johannisbeerbüschen. Die Sonne tauchte zusammen mit dem strahlend blauen Himmel die ganze Kulisse in goldenes Licht. Ich gierte regelrecht danach, alles, was ich sah, in mich einzusaugen. Erst jetzt nahm ich die Menschen um mich herum bewusst wahr. Alle waren sie schön gekleidet, mit Anzügen und schicken Röcken. Alle strahlten eine herrliche Fröhlichkeit aus.

Direkt vor meiner Linse stand die Frau mit den roten lockigen Haaren. Sie trug ein leuchtend weißes Kleid, auf dem sich, schaute man genauer hin, schon ein paar Grasflecken abzeichneten. Wie bei den anderen konnte ich auch bei ihr diese große Freude spüren. Bloß schien sie bei ihr grenzenlos zu sein. Unvergänglich. Neben ihr stand ein Mann. Er war größer als sie und hatte einen schwarzen Anzug an. Auch um ihn schwirrte diese glückselige Freude. Als er mich sah, konnte ich spüren, wie sie sogar noch ein kleines Stückchen wuchs.

»Das ist mein Geschenk von mir an dich, zu unserer Hochzeit!«, verkündete die Braut lachend.

Der Bräutigam sah mich währenddessen fassungslos voller Begeisterung an. »Eine Kamera! Eine Digitalkamera! Das ist wunderbar! Danke, Rosa!«, sagte er sichtlich erfreut und nahm mich in seine großen Hände. Er betrachtete mich von allen Seiten und strich zärtlich über den Schriftzug mit meinem Namen. *Kodak DC 25* stand es in, wie ich fand, wunderschönen Lettern auf dem rechten Eck meines Rückens.

»Batterien sind drin«, stellte Rosa (das war also ihr Name!) fest.

Bevor ich wusste, wie mir geschah, drückte mein neuer Besitzer auch schon den großen schwarzen Knopf auf meiner Oberseite.

KLICK!

Dann war das Bild in mir.

Ich konnte es kaum glauben, aber ich hatte dieses wunderschöne Bild von der Wiese in mir gespeichert! Es war und blieb einfach da! Ein unbeschreibliches Gefühl. Ich wollte mehr davon.

»Und? Ist sie gut, Thomas?«, erkundigte sich Rosa bei ihrem Mann.

Thomas, nun wusste ich auch seinen Namen.

»Sie ist genial! So etwas wollte ich schon immer mal haben. Sieh mal, du kannst dir die Fotos direkt, nachdem du sie aufgenommen hast, ansehen!«, jubelte er und bewegte mich dabei wild in der Luft umher. Mir wurde ganz schwindlig.

»Wie wäre es mit einem Foto vom Hochzeitspaar?«, rief ein großer Mann mit beträchtlichem Bauchumfang mit tiefer und lauter Stimme. Von allen Seiten kamen zustimmende Rufe. So wurde ich an den dicken Mann weitergereicht, der mich vorsichtig in seine Hände nahm und meine Linse auf das Brautpaar richtete. Ich wusste, was nun passieren würde, und versuchte, meine technischen Funktionen gezielt einzusetzen. Nach ein paar Bildern gelang es mir schließlich immer besser. Ich musste zwar noch viel üben, aber für den Anfang war ich rückblickend schon recht gut gewesen. Es gelang mir sogar, Einfluss auf die Bildqualität zu nehmen. Sollte das Bild klar sein oder durfte es ein bisschen unscharf sein? Wie sah es mit der Helligkeit aus? Mit diesen und immer weiter auftauchenden Fragen setzte ich mich fortlaufend auseinander.

An diesem Nachmittag fotografierte ich noch viel, hauptsächlich zusammen mit Thomas. Ich begann ihn sehr zu mögen. Er hatte ein gutes Auge für schöne Aufnahmen und nahm oft das auf, das ich auch wollte.

Als der Nachmittag langsam in den Abend überging und der Himmel sich in ein Flammenmeer verwandelte, packte die Hochzeitsgesellschaft ihre Decken, restliches Essen und das Geschirr zusammen und verlud alles in die Boote am Ufer des kleinen Flusses. Ihren Gesprächen hatte ich entnehmen können, dass diese Wiese nur mit dem Boot erreichbar war. Wieso Rosa und Thomas diesen Platz ausgesucht hatten, um ihre Hochzeit zu feiern, wusste keiner. Ich konnte es mir allerdings denken. Der Ort strahlte Ruhe aus und war schlichtweg einfach nur schön mit seinen wilden Blumen, den Bienen und Schmetterlingen überall. Selbst jetzt am Abend, wo die Blumen sich schlossen und die Insekten sich zurückzogen.

Als wir ein letztes Bild von den Booten machten, stellte jemand eine Frage, die für viele verdutzte Gesichter sorgte: »Wie kommen wir eigentlich zurück? Wir können ja nicht gegen den Strom rudern.«

Mit einem Lächeln verkündete Rosa: »Wir fahren flussabwärts, Richtung Bodensee. Ein freundlicher Bauer wird uns dann abholen und zu den Autos zurückbringen.«

Alle Leute stiegen also ein, und wir trieben immer weiter flussabwärts. Teilweise war das Wasser so niedrig, dass aus jedem Boot ein paar Leute aussteigen mussten, um zu schieben oder, auch nicht selten, um Gestrüpp zur Seite zu biegen.

Dieser Tag war einer der schönsten Tage meines Lebens.

Die nächsten Jahre plätscherten ruhig und leicht dahin, und es passierte nichts, was groß zu erwähnen wäre. Ich gewöhnte mich schnell an mein Leben mit Rosa und Thomas. Thomas war nicht länger nur mein Besitzer, wie ich es an seinem Hochzeitstag gedacht hatte. Er war mein Freund. Mein bester Freund. Vielleicht sage ich das auch nur, weil er der einzige Freund war, den ich je so wirklich gehabt hatte, aber das kann und will ich nicht glauben.

Er nahm mich nahezu überallhin mit. Wir schossen so unglaubliche Bilder zusammen. Auf vielen war Rosa abgebildet. Sie war immer noch so hübsch wie am Tag, als ich sie zum ersten Mal sah. Rote Haare, Sommersprossen, fein geschwungene Nase.

Häufig ging Thomas aber auch allein im Wald spazieren. Fast allein. Ich war natürlich immer dabei. Thomas war anders als die meisten Menschen, die ich bisher kennengelernt hatte. Er war gerne allein und hatte seltsame Angewohnheiten. Eine davon war es, von Bäumen herab zu fotografieren. Er kletterte immer bis zu einer Stelle, an der er guten Halt hatte oder sich sogar hinsetzen konnte, und dann schossen wir ein Bild. Immer nur ein Bild pro Baum.

Ich glaube, er tat das, weil es aus einer anderen, ungewöhnlichen Perspektive war. Er mochte es, Sachen abzulichten, die nicht herkömmlich waren. Ich für meinen Teil hatte einfach Spaß daran.

In dieser heilen Welt vergisst man schnell, wie plötzlich sich alles ändern kann.

Rosa starb an einem Sonntag. Um 16:33 Uhr gab es einen Unfall auf einer Landstraße. Ein anderer Autofahrer fuhr frontal in Rosas Auto. Sie war sofort tot. Ich erinnere mich noch, wie sie ein paar Minuten davor gesagt hatte, sie wolle noch kurz zu ihrer besten Freundin, wäre aber in einer Stunde wieder da. Nie wieder kam sie.

Thomas weinte, nein, er schrie. Und ich konnte ihm nicht helfen.

Ich lag auf dem Esstisch in dem kleinen Esszimmer. Zum ersten Mal in meinem Leben wurde mir so richtig bewusst, dass ich mich nicht selbstständig bewegen konnte. Ich war starr und wie betäubt. In diesem Augenblick wurde ich wahnsinnig wütend. Wütend auf meine Machtlosigkeit, wütend auf das Universum, das mir die wundervolle, leuchtende Rosa genommen hatte.

Drei Tage nach ihrem Tod packte Thomas eine rasende Wut, in der er alles, was ihn an seine geliebte Frau erinnerte, in einen großen Karton schmiss. Ihre Lieblingstasse, den Stapel Bücher neben ihrem Bett, sämtliche Klamotten und noch mehr.

Als Letztes fiel sein Blick auf mich. Er packte mich grob und warf auch mich zu den anderen Sachen in den Karton. Ich hätte gerne geschrien, als er die Kiste verschloss und schließlich aus dem Fenster schleuderte. Der Aufprall auf dem Rasen im Garten war härter als gedacht. Ich rutschte dabei zwischen Rosas Kleider.

Kurz darauf hörte ich die Schritte von meinem besten Freund. Sie waren nicht wiederzuerkennen. Seine Schritte, sonst so federnd und leicht, waren nun stampfend und wild. Ich vernahm ein scharrendes Geräusch, das einige Zeit später stoppte. Ich spürte, wie die Kiste angehoben und unter einem verzweifelten Schluchzen von Thomas in das Loch, das er ausgehoben hatte, geworfen wurde. Ich begriff es zu spät, aber ich hätte sowieso nichts dagegen tun können. Ich war lediglich der passive Beobachter meines eigenen Lebens.

Ich würde sagen, das war die dunkelste Zeit. Im wahrsten Sinne des Wortes. Die gleiche Dunkelheit wie am Anfang meines Lebens. Bloß, dass das Ruckeln ausblieb und ich jetzt wusste, was da draußen war. Ich kann gar nicht in Worte fassen, wie sehr ich mein vorheriges Leben vermisste und mich danach zurücksehnte. Es war sehr deprimierend zu wissen, dass direkt über mir unser schöner Garten war. Bestimmt war Thomas auch da. Thomas, mein Besitzer; Thomas, mein Freund; Thomas, der mich lebendig begraben hatte. Um ehrlich zu sein, konnte ich ihm aber nicht lange böse sein. Ich verstand ihn auch irgendwie. Er wollte bloß seinen Schmerz loswerden.

Ich hoffte, er würde es mit den Jahren schaffen.

Zwanzig Jahre. Kein KLICK!

Die Erde über mir bewegt sich. Ich bin aufgeregt. Was passiert hier? Eigentlich habe ich nicht mehr damit gerechnet, noch mal die Welt zu sehen. Starke Hände heben die Überreste des Kartons aus dem Boden. Die Sonne überflutet mich, als die alte Kleidung um mich herum weggenommen wird. Ich bin wie beim ersten Mal fasziniert. Wie vom Blitz getroffen starrt mich der Mann, in dessen Händen ich liege, an. Ich kann es kaum glauben, aber es ist Thomas! Er hat zwar einige Falten und graues Haar bekommen, aber die tiefen grünen Augen sind unverkennbar. Er lächelt erst zögerlich, dann immer mehr, und plötzlich fängt er an zu weinen. »Ich hab dich so vermisst …«, wispert er. Neben ihm steht ein kleiner Rosenstrauch auf einem Schubkarren. Was für ein Zufall, dass er ihn genau hier einpflanzen wollte. »Hoffentlich funktioniert sie noch. So viele Bilder …«, nuschelt er weiter vor sich hin. Ich bin empört, wie er überhaupt daran denken kann, ich wäre kaputt. Eine Kamera

wie ich ist unverwüstlich! Plötzlich sind sie auf meinem LCD-Bildschirm. All die Erinnerungen, die ich haltbar gemacht habe. Ich will auf jeden Fall mehr davon. Thomas scheint auch bereit dafür zu sein. Er drückt den großen schwarzen Auslöser und ...
KLICK!

HANNAH ZIEGER

lebt mit ihren Eltern und Großeltern in Salem am Bodensee.
In ihrer Freizeit schreibt und liest sie gerne und fährt viel Fahrrad.
Hannah hat schon früh mit dem Schreiben begonnen, ihre
Leidenschaft dafür wurde durch eine Deutschlehrerin geweckt,
die es ihr möglich machte, viele andere schreibbegeisterte
Menschen kennenzulernen.

MILJAN EHLERS

Ein Schachspiel,
das zum Aufbruch führte

»*Ahhh!*« Ein Schrei entweicht mir, als ich die Treppe vor der U-Bahn-Station Landungsbrücken herunterstürze. So ein Mist, ich war gerade auf dem Weg zum Altonaer Balkon, und jetzt liege ich da. Höre die Sirenen, die durcheinanderredenden Stimmen. »Ich brauch' hier mal 'ne Schiene«, ruft einer der Sanitäter.

In meinem Kopf schwirrt alles. Jetzt muss ich Dominik versetzen. Mann, wie erbärmlich. Was ist eigentlich mit meinem Fuß? Er hatte am Anfang so stark geschmerzt, doch jetzt nicht mehr. Als die Ärzte mich auf eine Trage heben, geht es mir schon besser, irgendetwas habe ich gerade gespritzt bekommen, na ja, ich frage erst mal nicht nach, die wissen schon, was sie tun. Ins Krankenhaus, in den Schockraum, schnell ein MRT gemacht, mein Kreuzband war gerissen.

Ratlos liege ich nun da in meinem Zimmer, in meinem weißen Reha-Bett mit den gelben Laken, die immer diesen merkwürdigen, einzigartigen Geruch haben. Was soll ich nun tun?

Ich musste Dominik einen Döner ausgeben, damit er mir verzeiht, dass ich ihn wegen des Unfalls versetzt habe. Dass wir gesprochen haben, ist jetzt auch schon wieder eine Woche her. Dieses ewige Herumliegen und An-die-weiße-Decke-Starren macht mich noch wahnsinnig. So eine laute Stille habe ich schon lange nicht mehr gehört.

Als Kind hatte ich immer ein Spiel, das ich gespielt habe, in meinem Zimmer in Syrien. Ich zählte die dumpfen Schüsse, die ich draußen vor meinem Fenster hörte.

Damals dachte ich nicht, dass diese Schüsse auch eines Tages bis vor meine Haustür vordringen würden. Während des Krieges entwickelte ich ein Gehör für die Waffen, Panzer und die Trucks der Miliz. Deshalb wusste ich, dass die Schüsse vor meinem Fenster von einer AK47 kamen. Diese Schüsse nahmen mir meine Familie, und ich hatte nur dagelegen, an meine weiße Decke gestarrt und mitgezählt, weil ich nicht ahnte, dass sie für mich oder für meine Familie bestimmt waren. Ich hatte angenommen, es sei wieder nur eine Kontrollfahrt der Miliz, die unser Dorf überwachte. Bei diesen Fahrten feuerte die Miliz wahllos in die Luft, um die Leute in ihren Häusern zu halten. Und so kam es, dass ich nur selten mein Zimmer verließ. Nur zum Essen trafen wir uns in unserer kleinen Küche mit dem kleinen Gaskocher, auf dem meine Mutter uns selbst in diesen schweren Zeiten immer etwas kochte. Sie ließ das Wasser nie überkochen und den Reis nie verbrennen. Der Reis war genauso weiß wie die Decke.

Immer nur die weiße Decke und ich, der nichts mit sich anzufangen weiß.

Na ja, vielleicht mal in den Aufenthaltsraum, da gibt's wenigstens ein paar Spiele. Ich zwänge mich in meinen Rollstuhl und fahre los. Die Treppenrampe runter, dann links um die Ecke, dann noch mal links und dann noch mal links, und ich bin da.

Da liegen sie, die Spiele meiner Kindheit, die ich mit meinen Eltern, bevor sie im Bürgerkrieg vor unserem Haus erschossen wurden, gespielt hatte. *Mensch ärgere dich nicht*, ein Kartenblatt für Poker und ein Brett mit Steinen für Mühle. Jedoch kann ich mich nicht erinnern, eins der dort aufgebauten Spiele jemals mit ihnen gespielt zu haben: Und das war Schach.

Meine Eltern meinten, es gäbe so viel Krieg in der Welt und um uns herum, da müsste man nicht noch einen weiteren simulieren. Der Krieg, er nahm mir meine Eltern, doch er nahm mir nicht nur sie, er nahm mir meine Kindheit, meine Heimat.

Während mir diese Gedanken durch den Kopf jagen, sehe ich, dass jemand an dem kleinen Tisch, auf dem das Brett aufgebaut ist, sitzt. Ein paar weiße Figuren sind durch andere Steine ersetzt worden. So ist der König beispielsweise ein kleiner Holzstein mit einer weißen und einer schwarzen Lackierung, hier liegt die weiße Seite oben. Doch beim Bauern, der direkt vor ihm steht, ist die schwarze Seite oben. Hat das eine Bedeutung? Ich habe schon lange keine Gedichte mehr interpretieren müssen, sodass mein Gehirn nun krampfhaft irgendetwas sucht, was es analysieren und interpretieren kann.

Weil ich so vertieft über diese beiden Steine und ihre Bedeutung nachdenke, habe ich das junge Mädchen, welches am Tisch sitzt, ganz vergessen. Sie ist vermutlich in meinem Alter, aber ganz genau kann ich das nicht sagen. Ihre dunklen Haare sind weder glatt noch gelockt, irgendwie so ein Zwischending. Ihre dunkle Haut reflektiert das helle Neonlicht, das aus einer Lampe über dem Tisch auf uns fällt.

Ich frage: »Darf ich mich setzen?«

Worauf sie trocken antwortet: »Du sitzt ja schon. Aber wenn du mit mir Schach spielen möchtest, dann gerne.«

Sie heißt Julia, erfahre ich von ihr. Sie ist hier, weil sie ihre Muskeln und Sehnen beim Leistungsturnen vollkommen überlastet hat, sodass sie kaum noch richtig laufen kann. Sie sei bereits seit zwei Jahren in Behandlung, doch ihre Therapie zeige noch keine Wirkung, meint sie zu mir, als sie mit ihrem Bauern auf D5 meinen Springer auf C6 schlägt. Es knallt, als die Holzfigur nach ihrem Zug auf den Boden fällt und sich das Bodenstück mit dem grünen Filz vom Rest der Figur löst.

Ich frage sie etwas angespannt: »Musste das sein?«

Sie antwortet: »So macht es halt am meisten Spaß, auch wenn sich mal ein Teil löst.«

Ich antworte: »Ja, das vielleicht, aber dieser Knall hätte doch wirklich nicht sein müssen.«

Nun guckt sie nicht mehr belustigt, sondern ist vielmehr verwirrt. »Ähm, welchen Knall meinst du? Du, warte, wie heißt du eigentlich?«

»Deen«, antworte ich gereizt, »soll Lebensweg und Glaube bedeuten.«

»Wie lustig«, sagt sie, »so einen Namen habe ich noch nie gehört, aber warum bist du eigentlich hier?«

»Wegen meines Kreuzbandrisses«, sage ich, »damit ich wieder gehen lerne, ähnlich wie du. Aber irgendwie machen mich diese weißen Decken ganz wahnsinnig. Bei mir zu Hause in meinem Kinderzimmer gab es weiße Decken. Der Lastwagen, mit dem ich nach Deutschland gekommen bin, hatte weiße Decken. In der ersten Flüchtlingsunterkunft gab es weiße Decken. In dem Container, in dem ich eigentlich wohne, gibt es weiße Decken. Und jetzt gibt es auch noch hier weiße Decken. Gibt es denn überall nur weiße Decken? Ich meine, wenn man nichts hat, was einen bewegt, dann sind sie einfach weiß und leblos, aber wenn einen Erlebnisse beschäftigen, dann sind sie wie eine Leinwand, auf der sich alle meine schrecklichen Erfahrungen wie ein Kinofilm abspielen. Ich muss also immer denselben Kinofilm sehen: Wie ich aus dem Haus renne, weil das Wasser aus dem Gaskocher übergekocht ist, und meine Eltern suche. Wie ich ihre zusammengesackten, leblosen Körper im Dreck vor unserer Haustür finde. Wie ich neben ihnen liege und weine. Wie mich meine Tante und mein Onkel, die eigentlich zum Tee kommen wollten, an sich ziehen und sagen: ›Wir müssen weg.‹ Wie sie mich mitten in der Nacht zu einem LKW bringen und mich dann alleine fahren lassen, weil sie für ihre Flucht nicht genügend Geld haben. All diese Bilder sehe ich in meinem Kopf auf der weißen Zimmerdecke.«

Wegen meines Gefühlsausbruchs merke ich nicht, wie aufmerksam Julia mir zugehört hat. Sie sitzt da und sieht mich mit ihren dunklen braunen Augen an und sagt kein Wort. Ich bin von meinen Gefühlen völlig überrumpelt, sitze nur da und warte.

Sie öffnet langsam ihren Mund und sagt: »Ich wusste gar nicht, dass der Sturz einer kleinen Holzfigur so viel in einem Menschen aufbrechen kann.«

Ich lache weinend, weil ich auf der einen Seite froh bin, endlich mit jemandem geredet zu haben, auf der anderen Seite hätte ich mir eine bessere Zeit und einen besseren Ort gewünscht.

Aber gäbe es überhaupt einen besseren Ort als hier in diesem Krankenhaus, in Hamburg, im kleinen Gemeinschaftsraum mit der weißen Decke, den hellen Neonröhren und dem nicht mehr ganz perfekten Schachbrett? Und mit Julia?

☞

MILJAN EHLERS

lebt mit seiner Familie in Hamburg. Neben seinem Hobby als Autor singt er seit vielen Jahren in einem Chor und tanzt Standard- und lateinamerikanische Tänze. Nach seinem Abitur möchte er Jura studieren und später im Deutschen Bundestag tätig sein.

KATHARINA KRAUSE

Lea und Paul

Der Geschmack billiger Supermarktschokolade. Süß, ein bisschen klebrig und mit diesem besonderen Duft, der einem beim Schlucken in die Nase steigt. Alles daran erinnert mich an Weihnachten. Oder an Ostern. Zurzeit definitiv Weihnachten. Was nichts Gutes bedeuten kann.

Seit Tagen liegt ein feiner Pulverschnee über allem und versucht verzweifelt, uns ein bisschen Idylle zu verkaufen. Schnaubend stecke ich mir das nächste Stück Schokolade in den Mund und wende mich vom Fenster ab.

»Was machst du? Ich dachte, du wolltest lernen.«

Vaters Stimme reißt mich aus meinen Gedanken. Lustlos lasse ich mich wieder auf meinen Stuhl fallen.

»Klar. Bin doch dabei.«

»Das sieht aber nicht so aus. Lea, Schule ist wichtig.«

»Einen Scheißdreck ist sie! Warum lässt dich eigentlich immer alles kalt!«

»Hör auf, mich so anzuschreien. Du weißt selbst ...«

»Ich weiß gar nichts mehr! Geh einfach!«

Ich bin diese ewigen Diskussionen so leid. Doch noch mehr

als der ständige Streit frustriert mich die Resignation, in die sich mein Vater seit einiger Zeit flüchtet. Seine Gefühlskälte macht mir Angst.

»Wie du willst. Ich fahre gleich wieder. Soll ich deiner Mutter etwas mitbringen?«

»Was denn? Sie kann doch mit nichts etwas anfangen.«

»Lea, lass das sein. Sofort.«

»Es ist aber die Wahrheit! Willst du es nicht begreifen oder bist du wirklich zu blöd dafür?« Meine Worte durchschneiden die kalte Wohnung wie Eissplitter.

Die Verzweiflung treibt mich in die Provokation, ich will ihn einfach zu einer Reaktion zwingen. Und sei es die, mich zu maßregeln und anzuschreien. Alles ist besser als seine Gleichgültigkeit. Als leere Blicke und genauso leere Weinflaschen. Mittlerweile stapeln sie sich im Flur, weil ich es nicht übers Herz bringe, sie rauszutragen, und er sich die Realität nicht eingestehen will. Vater war lange Zeit entschiedener Nichttrinker.

Aber ewig kann das nicht mehr so weitergehen. Irgendwann werde ich sie vermutlich auf den Müll werfen, weil ich ihren Anblick nicht mehr ertrage. Genauso wie ich mich bald mal unserer Wohnung widmen werde, die im Unrat versinkt. Es sieht furchtbar aus. Doch keiner von uns beiden bringt es fertig, die Kontrolle über das Chaos wieder zurückzuerobern. Mein Vater sieht so verloren im Türrahmen aus, dass ich plötzlich das Verlangen spüre, ihn fest zu umarmen. Aber nach allem, was wir zusammen erlebt haben, ist es ein Ding der Unmöglichkeit. Wir sind wie zwei Planeten, kreisen um dieselbe Sonne und sind doch Lichtjahre voneinander entfernt. Jeder auf seiner Bahn, die Wege schneiden sich niemals. Und irgendwann wird die gemeinsame Sonne implodieren und nichts als Asche und kalte Brocken zurücklassen.

Ich funkle ihn einige Augenblicke streitlustig an, bis er den Blick senkt. Er ist so unglaublich schwach geworden über die Zeit. Ein Schatten hat von ihm Besitz ergriffen, hat mir meinen Papa genommen.

»Wie kannst du dir immer alles gefallen lassen! Predigst du mir nicht jeden Tag, dass wir stark sein müssen? Raff dich auf, verdammt noch mal! Ich erkenne dich überhaupt nicht wieder.« Den letzten Teil flüstere ich, obwohl mir zum Schreien zumute wäre.

Zitternd reiße ich mein Deutschbuch aus dem Ranzen und knalle es auf den Tisch. Das Zeichen ist eindeutig, und trotzdem sticht es mir ins Herz, als Vater die Tür zuzieht und sich auf den Weg ins Krankenhaus macht. Dunkle Augenringe lassen ihn wie einen wandelnden Zombie wirken.

Eigentlich sollten wir zusammenhalten. Gerade jetzt.

Doch ich kann ihn nicht respektieren. Würde ich auf ihn eingehen, hätte ich seine und meine Verzweiflung zu tragen. Und das, obwohl ich jeden Tag das Gefühl habe, an meiner eigenen zu zerbrechen. Nein, ich kann mich nur schützen, indem ich so viel Distanz wie möglich zwischen ihn und mich bringe.

Was wird passieren, wenn sich Mamas Zustand noch weiter verschlimmert? Werde ich in einem Jahr genauso allein hier sitzen und mich fragen, wie Weihnachten hätte sein können? Meine fest zusammengepressten Augen können die Bilder nicht zurückhalten. Die Schläuche, Mamas eingefallene Wangen und ihr bleiches Gesicht, das wie aufgemalt aussieht. Vater daneben, der zärtlich ihre kalkweiße Hand hält. Ihr zuflüstert, dass wir es schaffen werden. Ich, wie ich dastehe und versuche, die Realität zu verarbeiten.

Diese Bilder sind noch nicht alt. Und ich sehe sie jede Nacht vor mir, als wäre es gestern gewesen. Wann habe ich das letzte

Mal durchgeschlafen? Auch lange her, bestimmt eine Woche. Mein Körper fleht mich an, eine Pause einzulegen, und möchte so gerne abschalten, doch ich kann es ihm nicht erlauben.

»Du bist gekommen. Hätte ich nicht gedacht.«

Vater sieht mich nicht einmal an, als ich hinter ihm das Zimmer betrete und vorsichtig die Tür schließe. Als würde es irgendjemanden in diesem Raum stören, wenn ich sie zuschlagen ließe. Doch man hat es mir so beigebracht. In Krankenzimmern hat man sich stets ruhig zu verhalten. Denn man soll ja auf keinen Fall die gespenstische drückende Stille unterbrechen, die sich wie ein eiserner Vorhang auf alle Beteiligten legt.

Schweigend stelle ich mich hinter ihn und kann meinen Blick kaum von Mama lösen. Je öfter ich hier vorbeischaue, umso vertrauter wird mir der Anblick der Apparaturen, die sie am Leben erhalten. Die EKG-Kurve, das stetige Piepsen, was mir versichert, dass alles gut ist. Meine neue Normalität lautet: Piepsen bedeutet Herzaktivität.

Manchmal verfolgt mich dieser Ton aber bis tief in die Nacht und wird dort zum Folterinstrument. Schrill und laut kann ich ihn dann hören, als zeige er die Sekunden eines Countdowns an. Noch dreißig Sekunden bis zur Explosion. Noch zwanzig. Zehn. Bumm. Sonne implodiert, alles aus der Bahn geworfen.

Steh wieder auf, mach weiter, lass dich nicht entmutigen.

So ein Scheiß.

»Wie geht es ihr?«

»Alles so weit stabil.«

»Hirnaktivität?«

»Keine gemessenen Ausschläge.«

Hatte ich etwas anderes erwartet? Mit Sicherheit nicht. Und obwohl sich meine Vermutung bestätigt, kommt ein weiterer Stein zu dem Tonnengewicht auf meiner Brust hinzu. Mit jedem

Tag ohne Gehirnaktivität wird es unwahrscheinlicher, dass sie jemals wieder zu uns zurückkommt.

»Nimm dir doch einen Stuhl.«

»Ich kann nicht. Ich muss gleich wieder weg.«

»Natürlich. Wann kommst du nach Hause?«

»Weiß ich nicht.«

»Auch gut. Nimm einen Schlüssel mit.«

Ich renne aus der Klinik und stürze mich auf mein Fahrrad. Der graue Betonklotz ragt hinter mir empor wie ein Gefängnis mit leblosen Insassen, und ich kann nur an eines denken: Abstand.

Wie eine Verrückte trete ich in die Pedale und begrüße den eisigen Fahrtwind, der mir ins Gesicht schlägt. Meine Haare wehen im Wind, und die Landschaft zieht in gräulich-weißen Schlieren an mir vorbei. Stadt, Stadt, Feld.

Der Radweg, in den ich einbiege, führt mich zu einem alten Hof. Einige Kilometer ab vom Schuss verkommt er nach und nach. Man ist wunderbar ungestört dort draußen.

Mein Fahrrad quietscht unter meinen heftigen Tritten, und bald fühlen sich meine Finger an, als würden sie jeden Moment abfallen. Alles egal, ich habe nicht einmal Angst, bei der Glätte zu fallen.

Die Sonne verschwindet schon hinter dem Horizont, und zu allem Überfluss beginnt es auch noch zu schneien. Dicke Flocken fallen vom Himmel und erschweren die Sicht erheblich. Jeder vernünftige Mensch würde auf der Stelle umkehren und eine beheizte Wohnung aufsuchen, aber allein der Gedanke an unser verlassenes Zuhause schreckt mich ab.

Also fahre ich weiter durchs Feld und bin mir nach einigen Minuten nicht einmal mehr sicher, ob der Hof noch gerade vor mir liegen muss.

Irgendwann wird mir klar, dass ich mich immer weiter in Probleme reite, je länger ich weiterfahre. Wo will ich eigentlich hin? Was bezwecke ich damit?

Einem plötzlichen Impuls nachgebend mache ich eine Vollbremsung. Der Schlag durchfährt meinen ganzen Körper, und das Hinterrad rutscht auf dem gefrorenen Matsch zur Seite weg. Für einen kurzen Augenblick sehe ich die weiße Fläche vor mir kippen, dann liege ich schon im Schnee. Meine Wange brennt wie Feuer, und ein pochender Schmerz breitet sich von meiner Hüfte auf meine gesamte linke Seite aus. Viel zu schnell durchdringt der Schnee meine Jeans und durchnässt sie.

Da sich das nun nicht mehr ändern lässt, bleibe ich hilflos neben meinem Fahrrad sitzen. Meine Wange schmerzt noch mehr, als die salzigen Tränen darüberlaufen. Einmal aus mir herausgelockt, entwickeln sie sich zu Sturzbächen. Ein leises Wimmern gesellt sich zu den krampfartigen Schluchzern, und bald bin ich völlig aufgelöst.

Der Wind wird immer stärker, und ich glaube nicht, dass mir jemals in meinem Leben schon einmal so kalt war wie in diesem Moment. Doch die Leere in mir ist fast genauso schlimm, wenn nicht sogar noch schlimmer als die Eissplitter auf meinem Gesicht.

»Warum ist das alles passiert!«, schreie ich gegen den Wind an, in der verzweifelten Hoffnung, irgendjemand könnte es hören.

»Lea, steh auf«, antwortet die weiße Front vor mir.

Beginnt jetzt schon die Luft, mit mir zu sprechen?

Allmählich gewöhnen sich meine Augen an das noch immer tobende Schneegestöber. Langsam erahne ich einen Umriss, der sich auf mich zubewegt. Obwohl die Sicht denkbar schlecht ist, erkenne ich, dass es sich um eine sehr kleine Person handeln muss. Woher weiß diese Gestalt, wie ich heiße?

Kind träfe es besser, der Junge kann nicht älter als acht Jahre alt sein. Trotzdem beschleicht mich ein ungutes Gefühl, und unwillkürlich rutsche ich einige Zentimeter nach hinten. Mir entfährt ein leiser Schrei, als der Umriss die Hand hebt.

»Was willst du?«, rufe ich lauter als nötig.

»Du musst doch aufstehen! Es ist so kalt!«, kommt prompt die Antwort.

Aber ich kann mich nicht aufraffen, aufzustehen.

Mein Fahrrad liegt zusammen mit mir im Dreck und mal davon abgesehen: Wohin könnte ich gehen? Nach »Hause«? Auf meinen Vater warten, der, ohne ein Wort mit mir zu wechseln, einfach in sein Büro verschwindet, um dort die Nacht auf einer Matratze zu verbringen? Nein.

Schon wieder steigen die Tränen in mir hoch, und es kostet mich viel Mühe, meine Stimme zu kontrollieren: »Ich kann nicht! Lass mich einfach hier liegen!«

Insgeheim bin ich jedoch froh, dass mich jemand gefunden hat.

»Ich kann dich doch nicht einfach hier liegen lassen!«

Je näher die Stimme ist und je länger sie mit mir spricht, desto vertrauter wird mir ihr Klang. Wo habe ich sie zum letzten Mal gehört? Die Stimme eines kleinen Kindes ... Natürlich! Entsetzt reiße ich die Augen auf.

»Paul! Was um Himmels willen ...!«

Kaum habe ich seinen Namen ausgesprochen, hängt er auch schon an mir. Wie lang ist es her, dass ich ihn das letzte Mal gesehen habe? Viel zu lang.

»Lea! Bitte, bitte steh doch auf!«

Seine Arme, die um geschätzte Meter gewachsen sind, umschlingen meine Schultern nun völlig, und ich rieche den mir vertrauten Duft nach Kaffee in seinen schwarzen Locken, als er sein Gesicht an mich drückt. Er zittert merklich und versucht vergeblich, mich auf die Beine zu ziehen. Zärtlich tätschele ich seinen Kopf und beginne, mich ein kleines Stück aufzurappeln.

»Was machst du bloß hier draußen? Und was ist mit deinem Fahrrad passiert? Tut dir was weh?«

Suchend wandern seine großen braunen Augen an mir auf und ab. Verängstigt steht er vor mir und fleht mich mit Blicken an, ihm zu zeigen, dass alles okay ist. Um ihn nicht noch mehr zu beunruhigen, ringe ich mir ein Lächeln ab und schaffe es tatsächlich, mich hinzustellen. Die Augen werden noch ein Stück größer, als er meine aufgeschürfte Wange erblickt.

»Du hast ja geweint! Und was ist mit deinem Gesicht? Tut das sehr weh?«

Er ist unglaublich süß, und allein die Tatsache, dass nach Wochen wieder einmal jemand fragt, wie es *mir* eigentlich geht, wärmt mein Inneres erheblich auf.

Ich straffe die Schultern.

»Geht schon, mach dir um mich keine Sorgen.«

Das Lächeln jagt eine Feuerwelle durch mein Gesicht, doch nachdem es fast erfroren ist, kann es kaum noch schlimmer werden.

Bibbernd sehe ich mich um.

»Wo bist du denn hergekommen? Und was machst du um die Uhrzeit allein im Feld?«

»Also, ähm … ehrlich gesagt habe ich mich auch ein kleines bisschen verirrt«, flüstert er und fängt plötzlich an zu schluchzen: »Ich wollte nur meine neue Taschenlampe ausprobieren, die mir meine Mama zum Geburtstag geschenkt hat.«

Mist. Paul hatte vor zwei Wochen Geburtstag gehabt. Im ganzen Trubel um meine Mama habe ich das total vergessen.

Mein schlechtes Gewissen fährt mir in die Magengegend.

Was habe ich eigentlich noch alles in den letzten Wochen vergessen?

Meine Freunde, jegliche soziale Kontakte waren mir vollkommen egal, wie mir auf einmal auffällt. Wie oft hat mich Caro im letzten Monat angerufen? Wie oft habe ich sie zurückgestoßen, ihr völlig zu Unrecht Dinge an den Kopf geworfen?

»Und dann bin ich eben ins Feld gelaufen, weil's da so schön gruselig und dunkel war«, fährt Paul unbekümmert fort.

In seinem Redefluss gefangen, verdränge ich die Gedanken an Caro und konzentriere mich wieder auf die Gegenwart.

»Und dann hast du dich verlaufen, richtig?«

»Ja, der Weg war auf einmal nicht mehr da, und als ich zweimal abgebogen war, wusste ich überhaupt nicht mehr, wo ich hinlaufen sollte. Und dann habe ich dich gesehen. Zum Glück warst du da!«

Schmunzelnd drücke ich seine Hand etwas fester.

»Na, dann komm! Lass uns keine Zeit verlieren, sonst werden wir beide am Ende noch krank!« Dass ich es fertigbringe, einen halbwegs überzeugenden Optimismus an den Tag zu legen, überrascht mich selbst am meisten. Ich konnte mich doch selbst kaum orientieren! Wie sollte ich es dann schaffen, uns beide wieder in die Stadt zu führen?

Anscheinend gibt es doch irgendwo einen Gott, der einem zumindest in einem Prozent der Fälle zur Seite steht, denn augenblicklich hört es auf zu schneien. Statt einer weißen Wand, die alles in dunkle Schleier hüllt, sehen wir nun den schwarzen Himmel über uns.

Die reine Luft schneidet in meine Lungenflügel, als ich tief Luft hole und seufze.

»Da haben wir zwei aber Glück gehabt!«

Mein zunächst gespielter Optimismus schlägt langsam in

echte Zuversicht um. So weit konnte es zu bewohnten Gebieten doch nicht sein.

Ich lächele ein dünnes »Es-geht-irgendwie-weiter-Lächeln« und blicke mich suchend nach den Lichtern um. Als eine leuchtende Kette aus Punkten kann ich sie sehen.

Paul hat sie ebenfalls erspäht und zieht mich schon hinter sich her. »Komm, wir müssen da lang! Beeil dich schon! Mir ist kalt!«

Mein Fahrrad nach Hause zu bekommen gestaltet sich mühsamer als gedacht, da mein Lenker völlig verbogen ist und ich es so nicht mehr wirklich schieben kann. Doch gemeinsam mit Paul befördere ich es schließlich in unsere Garage mit dem festen Vorsatz, mich am Wochenende darum zu kümmern.

»Komm doch noch kurz mit rein, ich mache uns einen heißen Kakao!«

Ich zwinkere Paul beim Aufschließen der Haustür verschwörerisch zu und versuche zu ignorieren, dass man zurzeit wirklich niemanden in unsere Wohnung lassen sollte.

»Oh ja, Kakao klingt klasse!«

Paul ist sogar noch vor mir in der Wohnung und sieht sich erstaunt um: »Bei euch ist es aber unordentlich!«

»Ja, das stimmt!«, rufe ich entschuldigend aus dem Flur und stürze ihm hinterher. »Papa und ich kommen gerade nicht so zum Aufräumen, weißt du.«

Sein Blick wandert über die Stühle mit Kleidung, die darübergeworfen wurde, über den Tisch mit den dreckigen Tellern und Pizzakartons darauf, über die beachtliche Staubschicht auf dem Regal, und zum Schluss betrachtet er lange den Stapel Leergut hinter der Tür.

Ich würde viel dafür geben zu sehen, was in seinem Kopf gerade vorgeht.

»Lea, was ist denn passiert?«

Seufzend drehe ich ihn zu mir um und gehe vor ihm in die Hocke.

Als er den Blick verunsichert senkt, hebe ich sein Kinn vorsichtig mit zwei Fingern an. Eine Weile sagen wir beide nichts.

Ich kann nicht fassen, dass ich seinen Geburtstag vergessen konnte. Bestimmt hat er sich gefragt, warum ich mich nicht gemeldet habe.

»Paul ... Einige Sachen haben sich verändert. Schau mal, Mama ... also deine Tante Melanie ...«

Der Kloß in meinem Hals macht es mir für einige Sekunden unmöglich weiterzusprechen. Warum hatte ihn seine Mutter nicht eingeweiht? Mamas Schwester war die Erste gewesen, die von der Katastrophe erfahren hatte. Hatte ich das Recht, ihn nun einzuweihen, wenn sich seine Eltern doch offensichtlich dagegen entschieden hatten?

»Was? Was ist mit ihr? Lea, sag schon! Warum bist du so komisch?«

»Paul, deine Tante ist sehr krank. Sie hatte einen Schlaganfall.«

Mein kleiner Cousin runzelt verwirrt die Stirn. Offenbar bereitet das Wort ihm Schwierigkeiten.

»Schlag ... anfall? Was ist das? Ist das sehr schlimm?«

»Okay, das kann ich dir jetzt auf die Schnelle nicht erklären. Ich mache dir einen Vorschlag: Du suchst dir einen Platz an der Heizung, wo wir zwei uns gemütlich hinsetzen können, ich mache uns einen Kakao und dann reden wir darüber. Einverstanden?«

Er nickt zaghaft, und ich hetze in die Küche. Pauls Anwesenheit und seine offensichtliche Schutzbedürftigkeit lassen die Lebensgeister in mir neu aufflammen.

So schnell wie noch nie schaffe ich es, Kakaopulver auf zwei Tassen zu verteilen und sie mitsamt Milch in die Mikrowelle zu stellen. Als ich ins Wohnzimmer spähe, sitzt er schon mit dem Rücken am eingeschalteten Heizkörper.

»Soll ich dir was Trockenes zum Anziehen holen? Du frierst doch bestimmt!«, rufe ich, und kurz darauf ist er auch schon in meinen pinken Plüsch-Schlafanzug gepackt.

»Du siehst unglaublich … merkwürdig aus«, stelle ich mit einem kritischen Blick fest und ziehe die Kuschelohren der Kapuze etwas zurecht.

»Ist doch egal, aber er ist warm. Setzt du dich jetzt zu mir? Und willst du dir nicht auch etwas anderes anziehen?«

Die Fellohren wackeln, als Paul sich wieder vor die Heizung setzt und genüsslich an seinem Kakao nippt.

Ich muss schon wieder lächeln. Dann erst fällt mir auf, dass er recht hat. Ich bin noch immer klitschnass und mittlerweile ein Eisklotz.

»Warte einen Moment. Ich bin gleich wieder da.«

»So, was ist denn jetzt dieses Schlaganfall-Dingsda? Ist das wie Schnupfen? Wird Tante Melanie wieder gesund?«

Fieberhaft überlege ich, wie ich die Krankheit am besten erklären soll. Der Arzt meinte zu Vater und mir, dass Mamas Zustand kritisch sei und dass es sein könnte, dass die Hirnschäden irreparabel seien. Wegen der langen Zeit, die zwischen Anfall und Versorgung verstrichen sei, wäre es durchaus denkbar, dass sie nicht mehr aus dem Koma erwachen würde.

Das Gewicht auf meiner Brust macht sich bemerkbar und drückt auf meine Lungenflügel. Nie mehr …

Ich habe es noch nie laut ausgesprochen. Musste es nicht, alle wussten immer schon Bescheid durch irgendwen. Das Wort »Schlaganfall« aus meinem Mund hat den Umstand realer gemacht. Es ist möglich, dass Mama stirbt. Vielleicht in der nächsten Stunde.

»Nein. Es ist nicht wie Schnupfen. Es ist ganz anders«, höre ich mich mit rauer Stimme flüstern. Wie konnte ich es ihm erklären?

»Okay. Stell dir vor, dein Körper ist eine Stadt.«

»So wie Köln?«

»Ja, so ungefähr. Eine große Stadt mit vielen Häusern. Einige Häuser sind wichtiger als andere. Die wichtigen Häuser heißen dann Organe.«

»Organe kenn ich. Das Herz, der Magen …«

»Genau. Das sind alles Häuser, die wichtig sind. Und das Allerwichtigste ist das Gehirn. Du kannst es dir als große Kommandozentrale vorstellen in der Mitte der Stadt.«

»So wie die Brücke bei einem Raumschiff? Mit so vielen coolen Lichtern und Computern?« »Genau. Von dort wird alles gesteuert.«

Je weiter ich meine kleine Geschichte ausführe, umso mehr Zweifel regen sich in mir. Konnte man so etwas Abstraktes tatsächlich so plastisch an einem Beispiel erklären?

»Alles, was in der Stadt so passiert, wird von der Kommandozentrale überwacht. Und wovon braucht eine Kommandozentrale ganz viel, damit die Computer und Lichter funktionieren?« Erwartungsvoll sehe ich Paul an, der sich nah an mich gekuschelt hat. Nach einigen Augenblicken hellt sich seine Miene auf: »Strom!«

»Richtig. Strom. Bei uns im Körper ist der Sauerstoff aus der Luft ein bisschen wie Strom für unser Gehirn. Wenn der nicht da ist, läuft nichts mehr, und die Lichter gehen aus. Kannst du dir vorstellen, dass der Strom in Akkus mit ganz vielen LKWs zur Zentrale gebracht wird?«

»Ja, ich glaube schon.«

»Gut. Die LKWs sind die kleinen Blutkörperchen, die im Körper den Sauerstoff ins Gehirn bringen. Normalerweise sind die Straßen zum Gehirn immer richtig gut in Schuss und sind sehr breit, damit viele LKWs mit vielen Akkus zum Gehirn fahren können. Die Kommandozentrale ist ja schließlich auch sehr wichtig. Bei manchen Menschen ist aber ausgerechnet auf diesen Straßen Stau.«

»Aber ... dann funktioniert die Zentrale ja nicht mehr!«

»Das ist das Problem«, seufze ich und lege einen Arm um das pinke Plüschungetüm neben mir.

»Das ist das Problem. Bei Tante Melanie ist sozusagen Stau auf der Autobahn, und deswegen kann ihr Gehirn nicht mehr richtig arbeiten. Du kannst nicht mit ihr reden, und sie kann auch nicht mehr selbst essen oder atmen. Sie liegt im Koma.«

»Wird sie wieder gesund?«

»Ich weiß es nicht. Niemand weiß das.«

»Und wenn man ihre Autobahn wieder frei macht? Dass da wieder LKWs durchfahren können?«

Lächelnd schüttele ich den Kopf.

»Wenn das alles so einfach wäre.«

»Und warum sieht es bei euch jetzt so unordentlich aus?«

Paul macht eine allumfassende Geste und zeigt mal hierhin, mal dorthin.

»Räumst du nicht auf? Deine Mama freut sich doch bestimmt, wenn das Haus aufgeräumt ist, wenn sie wiederkommt!«

»Aber es ist gar nicht sicher, ob Mama wieder zurückkommt! Warum soll ich dann aufräumen? Das ist doch alles egal.«

Ich hatte mir eigentlich fest vorgenommen, vor Paul nicht in Tränen auszubrechen, aber je länger ich mit ihm über Mama spreche, umso härter treffen mich die Ereignisse der letzten Zeit.

Sie jemandem zu erzählen lässt alles so viel echter wirken als vorher.

Eine neue, tiefere Verzweiflung wächst in mir und bäumt sich wie eine dunkle Welle vor mir auf. Die Panik vor einem Leben ohne sie, was ihr Tod mit Vater anrichten würde …

»Ich will nicht, dass sie geht«, wispere ich.

Paul rutscht noch ein Stück näher an mich heran und schließt mich in seine Arme.

»Es wird bestimmt alles wieder gut. Nicht weinen, Lea. Bitte, dann muss ich doch auch weinen.«

»Aber es ist alles so unfair! Warum trifft es ausgerechnet sie?«

Um Himmels willen, ich höre mich ja schon selbst an wie ein Kleinkind!

Mein dicker Pullover und auch die warme Heizung in meinem Rücken sind machtlos gegen die Kälte, die sich immer schneller in mir ausbreitet.

Paul antwortet nicht, sondern drückt seinen Kopf in die Kuhle zwischen meinem Arm und meiner Brust.

Eine Weile sitzen wir zwei einfach nur da, den Kakao neben uns und die wüste Wohnung vor uns.

»Soll ich dir beim Aufräumen helfen?«

»Du willst … was?«

Perplex starre ich ihn an, als er langsam den Kopf hebt.

»Na, dir helfen! Zusammen geht Aufräumen viel schneller als allein!«

Unsicher wiege ich meinen Kopf hin und her. Ist das eine gute Idee?

Auf der anderen Seite weiß ich sehr genau, dass ich noch weitere Wochen keinen Finger rühren werde, wenn ich diese Chance verstreichen lasse.

»Wenn du willst.«

Der Anfang ist unglaublich schwer. Ich fühle mich, als würde ich ein lebendes, atmendes Tier verletzen, wenn ich auch nur einen Krümel in der Wohnung bewege. Das Chaos ist mir so vertraut geworden, dass ich plötzlich Angst habe, eine Veränderung könnte tiefgreifende Folgen haben.

Als Paul schon voller Elan loslegen will, stehe ich noch unschlüssig in der Mitte unseres Wohnzimmers.

»Was ist? Komm schon! Ich weiß doch gar nicht, wo alles hingehört!«

Mein Blick schweift umher, und ich sehe nichts als Unrat, der uns beide einhüllt.

»Aber es ist so viel! Das schaffen wir doch niemals!«

Paul stemmt energisch seine Hände in die Hüften.

»Ich kann dir helfen, glaub mir, das wird schon! Mit was sollen wir denn anfangen?«

Mein Hirn fängt langsam an, wieder normal zu arbeiten, und der wichtigste, wenn auch schmerzhafteste Punkt im ganzen Durcheinander wird mir auf einmal bewusst. Seltsam klar und deutlich scheint die Ecke hinter der Tür zu leuchten, und ich kann einfach meinen Blick nicht von ihr wenden.

»Das Leergut. Wir müssen das Leergut rausbringen.«

Die beiden blauen Säcke, die wir mühsam die Treppe hinunterschleppen, klirren und rascheln bei jedem Schritt, als wollten sie mich dazu überreden, sie doch noch einmal einen Tag länger stehen zu lassen. Doch ich umschließe das Plastik fester mit meinen Fingern und pfeffere den Sack regelrecht in den Altglascontainer.

Ich helfe Paul nur zu gerne, den anderen Sack auch dorthin zu verbannen, und höre mit einem gewissen Triumphgefühl, wie einige der Glasflaschen im Inneren des Behälters in tausend Teile zerspringen.

Ein plötzliches Grinsen zieht meine Mundwinkel nach oben, und als ich mich zu Paul umdrehe, fühle ich mich, als hätte ich dieses Leergut seit einer Ewigkeit mit mir herumgetragen und nun abgelegt. »Jetzt kann es losgehen.«

Als wir erst einmal mit dem Aufräumen begonnen haben, wird mir bewusst, wie sehr mich der Schmutz und die verstreuten Kleider wirklich gestört haben. Sie manifestierten einen Zustand des Leids, in den ich mich die letzten Wochen hineingesteigert habe.

Immer schneller werfe ich alte Kleider in die Wäsche, stelle Teller in die Spülmachine und sauge die ganze Wohnung einmal durch. Paul ist mir ein treuer Helfer, scheut vor keiner Arbeit zurück, er wechselt sogar den Staubsaugerbeutel, als ich die Küche putze, und saugt noch einmal durch.

Mit jedem Körnchen, jeder sauberen Tasse und jeder gewaschenen Socke fühle ich mich besser. Ich gerate fast in einen Putzwahn, sehe alles im Tunnelblick und kann nicht mehr aufhören.

Nach drei Stunden sieht unsere Wohnung fast wieder wohnlich aus, nur das Zimmer meiner Eltern habe ich noch nicht betreten. Vater setzt keinen Fuß mehr hinein, seit Mama im Krankenhaus liegt, und auch mir hat er den Zutritt verwehrt. Als ich ihn fragte, warum er nicht mehr in seinem Bett schlafe, entgegnete er mit hängenden Schultern: »Ich kann nicht. Ich muss schon den ganzen Tag an sie denken, ich brauche wenigstens nachts eine Pause von ihr. Ihre Präsenz ist zu groß in diesem Zimmer.«

Ich lasse es auch heute unberührt. Wichtig ist jetzt, dass Vater und ich uns eine Existenz aufbauen für die Zeit, in der Mama noch im Krankenhaus ist. Und in ihrem Raum wird dies nicht möglich sein.

Vielleicht hat Vater auch aus diesem Grund die Bilder von Mama von den Wänden genommen. Zusammen mit Paul hänge ich sie in mein Zimmer, und wir platzieren stattdessen die Bilder aus meinem Zimmer in unserem Wohnzimmer: Ich mit meinen Freundinnen im Freizeitpark und unser schon längst verstorbener Hund Nemo beim Spielen.

»Glaubst du, er wird den Tausch bemerken?«, fragt Paul vorsichtig und deutet auf die Fotos. Ich lächle und nehme seine Hand.

»Das glaube ich schon. Er wird einiges bemerken, denke ich.«

Plötzlich fallen mir die beiden Kisten Rotwein in unserer Garage ein. »Paul, kannst du mir noch bei einer Sache helfen? Geh schon mal vor in die Garage. Ich muss noch kurz telefonieren.«

Paul nickt und ist auch schon im selben Moment verschwunden. Kurz zögere ich, als ich das Telefon in der Hand halte. Doch nach einigem Ein- und Ausatmen drücke ich entschlossen auf »Wählen«. Ich hätte diesen Anruf schon vor Tagen tätigen sollen.

Mein Cousin findet es unglaublich lustig, den Wein im Schutz der Finsternis in den Gully zu schütten. Ich würde liebend gern mit ihm tauschen, aber da auch das gemacht werden muss, verklebe ich mir die Hände und Arme bei dem Versuch, roten Traubensaft in die von Paul geleerten Flaschen zu füllen. Immer wieder gieße ich etwas Saft daneben, und schon nach kurzer Zeit wünsche ich mir, endlich duschen gehen zu können.

»Herr Maler hat ganz schön verwirrt ausgesehen«, kichert Paul und stellt stolz die letzte Weinflasche vor mich hin, »als du ihm erzählt hast, wir brauchen den Saft für einen Kindergeburtstag! Das war echt clever!«

Mein innerer Clown beglückwünscht mich ebenfalls zu diesem gelungenen Streich, aber gleichzeitig weiß ich, dass die Täuschung nur von kurzer Dauer sein wird. Doch es muss Vater ja im Idealfall nur einen oder maximal zwei Tage davon abhalten, sich erneut zu betrinken. Die Frau von der Rund-um-die-Uhr-Suchtberatung hat mir zugesichert, man werde innerhalb von einem oder spätestens zwei Tagen einen Mitarbeiter zu uns nach Hause schicken, der sich lange mit meinem Vater unterhalten würde. Danach könne man sehen, ob ein klinischer Aufenthalt und eine Entzugstherapie nötig seien. Sie riet auch mir ausdrücklich, psychische Hilfe in Anspruch zu nehmen.

Die Nummer des Psychologen hänge ich mir an meine Pinnwand und nehme mir vor, am nächsten Tag direkt anzurufen. Es ist in meiner Situation wahrscheinlich das Beste.

Als die letzte Flasche gefüllt ist und die Kisten wieder in der Garage stehen, muss ich beinahe schon wieder weinen.

»Sieht doch super aus, oder? Genau wie vorher.«

Paul grinst und umarmt meine Hüfte.

»Ich hab dich lieb.«

»Ich hab dich auch sehr lieb. Danke, dass du mir geholfen hast.«

»Aber warum? Ich hab doch gar nichts gemacht!«

»Doch. Mehr, als du denkst.«

Es ist nach ein Uhr nachts, als Vater nach Hause kommt. Vermutlich ist er wie immer noch stundenlang nach dem Klinikbesuch durch die Stadt gestreift, hat sich in eine Bar gesetzt und vor sich hingestarrt.

Ich sitze auf unserem Sofa und beobachte gespannt seine Reaktion.

Ich habe die Lichterkette angemacht, die schon ewig lang über unserem Bücherregal verläuft, und habe sogar etwas gekocht. Ein Teller Nudeln mit Tomatensoße steht auf dem gedeckten Tisch.

Vater sagt nicht viel. Eigentlich sagt er nichts.

Er steht lediglich ungefähr eine halbe Minute im Türrahmen und sieht verloren aus.

Dann nehme ich all meinen Mut zusammen, stehe auf und schließe ihn fest in die Arme. Er zuckt kurz zurück, und unter meiner Berührung spannen sich alle Muskeln in seinem Körper an. Doch je länger die Umarmung anhält, umso kleiner scheint er zu werden, bis nur noch ein zitternder dürrer Körper übrig ist, der in mich hineinsinkt und leise wimmert.

»Schhh, ist schon gut«, murmele ich und streiche ihm sanft über den Rücken.

»Wir kriegen das hin. Zusammen.«

KATHARINA KRAUSE

lebt in Grünstadt in der Pfalz, wo sie 2024 Abitur machte. Mit dem Schreiben hat sie in der zehnten Klasse begonnen, als ihre Deutschlehrerin sie motivierte, bei einem Schreibwettbewerb mitzumachen. Seitdem sind Schreiben genauso wie Singen, Turntraining geben und Klavierspielen ihre Hobbys.

MERIT LACHMANN

Warten auf Löwenzahn

Zufälligerweise stand ich genau in dem Moment an meinem Fenster und blickte auf die Straße hinab, als eine grüne Ente knatternd vor dem trübgelben Reihenhaus hielt, das seit Frau Bergers Tod vor fünf Jahren unbewohnt war. Angesichts des miserablen Zustandes des Hauses hatte sich die Anzahl der Interessenten in den letzten Monaten immer mehr verringert, bis die verkümmerte Immobilie schließlich vom Markt genommen worden war. Nicht nur bei genauerer Betrachtung konnte man erkennen, dass der Putz des Hauses bereits von allen Ecken der Fassade bröckelte und dass sich die Dichtungen der Fenster schon zu Lebzeiten der Besitzerin verdünnisiert hatten. Von Weitem erinnerte mich die Front des Bauwerks täglich an einen gigantischen matschigen Butterkeks. Dass nun die grüne Ente am gegenüberliegenden Straßenrand hielt und die Fahrerin des Autos den Motor abstellte, überraschte mich. Ich beobachtete, wie die Beifahrertür aufsprang. Ein Ball kullerte im Schneckentempo auf den Bürgersteig, gefolgt von einem hüpfenden kleinen Jungen, der sofort begann, fröhlich gegen den Ball zu treten. Mein Blick glitt zu der Ente zurück. Die Fahrertür schwang auf.

Eine Frau mit kurzen roten Locken stieg aus dem Wagen. Das Handy unters Ohr geklemmt, kramte sie im überfüllten Kofferraum. Sie erwischte einen Schlüssel sowie eine Packung Zigaretten und schlurfte rauchend zur Haustür, ohne den kleinen Jungen eines weiteren Blickes zu würdigen. Ich sah ihm eine Weile beim Spielen zu.

Gerade als ich beschloss, hinunter in die Küche zu gehen, um meiner Mutter von den neuen Nachbarn zu berichten, öffnete sich eine weitere Tür der grünen Ente. Schwarze Boots trafen den Asphalt. In ihnen steckte ein zierliches Mädchen, das unter der übergroßen Sonnenbrille und der Kapuze nicht zu erkennen war. Desinteressiert schaute sie sich um, ehe sie dem Auto wütend einen Tritt verpasste, ihren Kaugummi auf die Straße spuckte und ihrer Mutter stampfend ins Haus folgte. Freak, dachte ich.

Seit dem Einzug der Familie in den Butterkeks hatte die Ente noch ein paarmal unsere Straße verlassen und war mit voller Beladung zurückgekehrt. Da das ächzende Knattern nun aber schon einige Tage ausgeblieben war und das Auto stattdessen in der Sonne am Straßenrand parkte, entschied meine Mutter, dass es nur seine Richtigkeit haben konnte, die neuen Nachbarn willkommen zu heißen. Wie in einer amerikanischen Romcom überquerte ich daraufhin am Spätnachmittag, mit einem Kirschkuchen ausgestattet, die Straße. Meine Mutter hatte ihn als kleines Präsent gebacken und erklärte somit ihren Beitrag für die Begrüßung für erledigt.

Das Herz schlug mir bis zum Hals, als ich den kleinen Schotterweg zur Haustür des Nachbarhauses entlangschritt. Irgendwie war mir diese Familie nicht geheuer. Besonders das Mädchen, auf das ich beim letzten Mal nur einen kurzen Blick erhaschen konnte, jagte mir Angst ein. Vorsichtig betätigte ich den Klingelknopf. Beim Eindrücken quietschte er schrill. Im Haus blieb es still. Ich wartete ein, zwei Minuten, als plötzlich, ohne Vorwarnung, die Tür weit aufgezogen wurde. Im Rahmen stand das Mädchen. Sie musterte mich schweigsam. Ich hielt ihrem Blick krampfhaft stand. Sie musste ungefähr in meinem Alter sein. Lange schwarze Haare fielen matt ihren Oberkörper hinab, bis sie stumpf knapp über ihrer Hüfte endeten. Selbst jetzt trug sie ihre Boots, dazu einen schwarzen Oversized Hoodie und eine löchrige, ebenfalls schwarze Jeans. Ihre mit Kajal umrandeten Augen taxierten mich leblos. Dann fiel ihr Blick auf den Kuchen. Ihr Mund zuckte spöttisch, sonst blieb sie stumm. Da fiel mir auf, dass ich mich selber noch gar nicht vorgestellt hatte.

»Hallo, ich bin Alize«, stotterte ich. »Meine Mutter und ich sind die Nachbarinnen von da drüben.« Mein Finger deutete ungelenk auf mein Haus auf der gegenüberliegenden Straßenseite. »Zum Einzug wollten wir euch Kuchen bringen. Hier, bitte. Auf gute Nachbarschaft.«

Ich streckte ihr den Kuchen hin, sodass er leicht über der Türschwelle schwebte. Doch der schwarze Grummelbär vor mir machte keinerlei Anstalten, ihn anzunehmen.

»Ist da Gluten drin?«, fragte sie stattdessen monoton. Ihre mangelnde Emotionalität bereitete mir beinahe schon Sorgen.

»Gluten? Ja, ich denke schon«, stammelte ich, während ich sie dümmlich anstarrte.

Sie wich meinem Blick nicht aus, ehe sie ein »Dagegen sind wir allergisch« durch ihre Zähne hindurchquetschte und die Haustür vor meiner Nase zuschlug. Der Kuchen geriet ins Schwanken. Perplex über diese Unhöflichkeit blieb ich wie festgeklebt einige Sekunden vor der Tür stehen, den Teller fest umklammert. Als ich endlich die Kraft fand zu gehen, hörte ich, wie sich eine tiefe Frauenstimme erkundigte, wer geklingelt hatte. »Nur der Postbote«, rief das Mädchen zurück, bevor die dumpfen Schritte ihrer Boots im Inneren des Hauses verschwanden.

In den folgenden Wochen, in denen sich das Kicken des kleinen Jungen und das Kaugummi auf der Straße zu täglichen Phänomenen der Nachbarschaft etabliert hatten, war ich immer noch stinksauer. Glücklicherweise hatte ich das Mädchen seit dem Kuchendesaster nicht mehr gesehen. Zwischendurch spielte ich mit dem Gedanken, dass sie einfach klammheimlich ausgezogen war, zog aber auch in Erwägung, dass Gräfin Dracula vielleicht einfach nicht gerne das Haus verließ.

Als ich eines Abends Cookies backte und mir weitere Theorien über ihren Verbleib ausdachte, klopfte es zweimal an meiner Haustür. Automatisch rührte ich den Teig in der Schüssel etwas hektischer. Wer klopfte heutzutage noch an, wenn es elektrische Klingeln gab? Dann fiel mein Blick unsicher auf meine Schürze, runter zu der karierten Hose, bis zu den übergroßen Wollsocken. So würde ich garantiert niemandem öffnen. Es klopfte noch mal.

»Ich weiß, dass du da bist«, ertönte eine dumpfe Stimme von draußen.

Ich kannte sie. Sie gehörte zu meiner Lieblingsnachbarin. Bei dem Klang ihrer betont gelangweilten Stimme hatte ich Lust, ihr die Tür einfach ins Gesicht zu schlagen. Gleich zusammen mit dem Cookie-Teig. Sollte sie an dem Gluten doch ersticken. Aber schließlich siegte meine Neugier. Langsam schlich ich zum Eingang und öffnete die Tür einen Spaltbreit, gerade so weit, dass ich ihr blasses Gesicht und das bekannte schwarze Erscheinungsbild durch den Spalt betrachten konnte.

»Wir haben kein Dinkelmehl«, schleuderte ich ihr pampig entgegen. Ich hatte sie abblitzen lassen wollen, so wie sie mich vor ihrer Tür hatte abblitzen lassen, doch mein Kommentar entlockte ihr nur ein Grinsen.

»Hübsche Aufmachung«, erwiderte sie höhnisch, als sie sich blitzschnell gegen das schwere Holz lehnte und in unseren Flur huschte, als wäre sie hier Stammgast.

Sprachlos verharrte ich im Flur. »Komm rein«, stotterte ich überrumpelt.

Meine Nachbarin lächelte mich an. »Danke für die Einladung.« Ihr Ton war freundlich. Sie wusste, dass sie mich damit provozieren konnte.

Ich sammelte mich, atmete tief ein. »Was willst du hier?«

Sie schien von meiner Frage ehrlich getroffen zu sein.

»Mich bei dir für den Kuchen revanchieren«, flötete sie, während sie wie selbstverständlich in meiner Küche Platz nahm und sich ein Glas Wasser einschenkte.

Es ärgerte mich. Doch wohl wissend, dass, selbst wenn ich es gewollt hätte, dieses Mädchen mein Haus nur aus eigenen Stücken wieder verlassen würde, verkniff ich mir jeden patzigen Kommentar. Stattdessen beschloss ich, dass ich sie am ehesten wieder loswürde, wenn sie sich langweilte. Deshalb gab ich mich in den nächsten zwanzig Minuten voll und ganz der Zubereitung meines Cookie-Teigs hin. Konzentriert platzierte ich den Teig in kleinen Klecksen auf dem Backblech und wusch anschließend alle verwendeten Utensilien ab. Dann wagte ich es, mich umzudrehen. Das Bild, das ich vor mir sah, war meine Nachbarin, die im Begriff war, auf dem Frühstücksbrettchen meiner Mutter eine Zigarette zu drehen.

»Du rauchst?«, fragte ich entsetzt.

Sie schaute mich an, als wäre ich die Dumme von uns beiden. »Nein, ich drehe mir die nur zum Spaß«, erwiderte sie trocken.

Auch wenn ich ihre Kontersprüche unter normalen Umständen lustig gefunden hätte, war der Keks für mich heute Abend definitiv gegessen. »Jetzt hör mal zu. Du setzt dich einfach ungefragt in mein Haus, bedienst dich, als wär alles dein Eigentum, und jetzt willst du hier auch noch rauchen? Hab ich den Teil, in dem du dich vorstellst und dich für dein scheußliches Benehmen von vor ein paar Wochen entschuldigst, verpasst?« Ich hatte mich in Rage geredet.

Meine Nachbarin blickte mich stumm an. Dann schienen sich ihre Schultern etwas zu lockern, und sie erwiderte meinen Blick beinahe reumütig. Mit einem Mal fiel mir auf, dass sie heute etwas anders aussah als beim letzten Mal. Ihre Haare waren zu einem ordentlichen Zopf gebunden, ihre Augen weniger stark umrandet, und ihr Pullover konnte gerade noch als grau durchgehen. Fast hätte man denken können, dass sie sich Mühe gegeben hatte, bevor sie meine Küche annektiert hatte.

»Tara«, flüsterte sie. »Ich heiße Tara.«

Nachdem Tara sich zwar nicht direkt bei mir entschuldigt hatte, nahm ich an, dass das Preisgeben ihres Namens wohl als eine Entschuldigung reichen musste. Die hitzige Stimmung zwischen uns beiden hatte sich etwas gelegt, wobei Taras Entscheidung, ihre Zigarette im Garten zu rauchen, maßgeblich dazu beitrug.

Da die Cookies bald fertig waren, beschloss ich, drinnen auf Tara zu warten. Ich schickte sie durchs Wohnzimmer zur Gartentür. Doch es dauerte nicht lang, ehe sie nach mir rief. »Ist abgeschlossen.«

Eilig kramte ich den Schlüssel aus der Wühlbox in unserem Flur und schloss ihr auf. Für einen kurzen Moment standen wir da, unsere Blicke auf den Garten gerichtet. Er war der ganze Stolz meiner Mutter. Fein säuberlich gepflegt, mit Obstbäumen und Lichterketten, die wie jetzt im Frühling bis spät in die Nacht glühten.

»Wow«, hauchte Tara, und ich glaubte, sie das erste Mal ehrlich berührt zu sehen. »Das sieht toll aus.« Sie schluckte, und ich erkannte einen Anflug von Tränen in ihren Augen. Ehrfürchtig betrachtete sie jede Blüte und jedes Blatt unseres grünen Reichs einzeln. Dann weckte etwas im hinteren Teil des Gartens ihre Aufmerksamkeit.

»Ist das ein Gewächshaus?«, fragte sie mich sichtlich aufgeregt.

Ich nickte, unsicher, was ihren Gemütswechsel veranlasst hatte. Das etwas pubertäre Bild, das sie beim ersten Aufeinandertreffen abgegeben hatte, passte nicht mehr zu dem begeisterten Mädchen, das vor mir stand.

Mit funkelnden Kinderaugen schaute sie mich bettelnd an. »Können wir da mal hineingehen, Alize?«

Ihr Welpenblick traf mich so unerwartet, dass ich mich einige Sekunden später mit Tara vor der Tür des Gewächshauses wiederfand.

»Erwarte nicht zu viel«, rief ich ihr über meine Schulter zu. »Bis auf ein paar Tomaten ist es leer.«

Mit einer eleganten Bewegung öffnete ich die Tür und machte Platz, damit Tara eintreten konnte. Stickige Luft schlug uns entgegen. Im Lichtschein der alten Glühbirne tanzten die Staubpartikel. In diesem Gewächshaus hatte ich früher gute Erinnerungen gesammelt. Damals, als ich hier Übernachtungspartys veranstaltete und mich regelmäßig um die Pflanzen kümmerte, war es hier voller Leben, voller Brummen und Summen gewesen. Doch über die Jahre war das Gewächshaus irgendwie in Vergessenheit geraten. Mein Blick fiel auf Tara. Entsetzt starrte sie auf die Tomaten. Ihr Blick bewog mich dazu, mich entschuldigen zu wollen.

»Es ist ein bisschen ...«

Doch sie ließ mich nicht ausreden.

»Alize«, kreischte sie. »Was ist denn mit dir los? Das hier ist ein wahrer Schatz. Ich an deiner Stelle …«

Und dann erlebte ich doch tatsächlich das achte Weltwunder. Tara, Gesprächsmuffel und Vollzeitvampir, fing an, enthusiastisch vor sich hin zu brabbeln. In einem überschwänglichen Redeschwall eröffnete sie mir ihre Pläne, was man alles mit dem Gewächshaus anstellen konnte. Tara erzählte davon, hier eine Scheibe auszutauschen und dort einen Schrank zu montieren. In ihrer Vorfreude schien sie vergessen zu haben, dass wir uns eigentlich gar nicht kannten und bis vor wenigen Minuten noch nicht mal sonderlich gut leiden konnten. Langsam endete ihr Monolog, als sie meinen skeptischen Blick auffing.

»Alize. Bitte. Lass uns hier zusammen das Gewächshaus neu einrichten. Ein paar Pflanzen habe ich schon zu Hause. Die restlichen Utensilien besorge ich auch noch. Alles, was ich von dir brauche, ist ein bisschen Unterstützung.« Sie lächelte mich ehrlich an. Trotzdem traute ich ihr kein Stück über den Weg. Sie sah in meinem Blick, dass etwas Überzeugungskraft nötig war. »Hör zu, wie wär's, wenn wir die Kekse aus dem Backofen holen, einen Kakao trinken und dabei ein bisschen reden.« Als sie die Kekse erwähnte, durchfuhr mich eine Schockwelle. Ich hatte die Zeit komplett vergessen. In null Komma nichts sprintete ich in die Küche, zog die Handschuhe über und riss die Backofenklappe auf. Wie ich feststellte, musste ich lediglich ein paar Verluste in den hinteren Reihen verschmerzen. Bevor noch mehr schiefgehen konnte, platzierte ich das dampfende Blech auf dem Küchentisch. Ein zweiter Schreck fuhr mir in die Glieder, als ich die Haustür ins Schloss fallen hörte. Hatte ich sie vorhin nicht richtig geschlossen? Doch schon erschien Taras dunkle Erscheinung im Türrahmen.

»War eben drüben und hab unseren Kakao geholt.«

Verdutzt schaute ich sie an. »Wir hätten hier auch welchen gehabt.«

»Ich weiß«, grinste sie frech. »Aber meiner ist besser.« Dafür, dass Tara etwas von mir wollte, etwas sehr großes Gläsernes, war sie schnell wieder in ihr altes, freches Muster verfallen.

»Was denn?«, fragte sie verwundert. »Hör auf, so ein Gesicht zu ziehen. Warte erst mal ab, bis du meinen Kakao probiert hast, und beschwer dich dann.«

Als wäre sie bereits tausendmal hier gewesen, griff sie in einige Schubladen und erhitzte die Milch für uns. Auf meinen fragenden Blick hin erklärte sie mir, dass sie bereits in vielen Küchen gewesen war und sie alle letztendlich den gleichen Aufbau hatten. Den fertigen Kakao teilte sie gerecht auf beide Tassen auf. Ich nippte vorsichtig an dem braunen Gemisch. Sie hatte recht, der Kakao schmeckte wirklich himmlisch. Überrascht betrachtete ich Tara, die auf unserer Tischplatte saß. Ihre Boots baumelten lässig in der Luft, während sie sich einen Keks schnappte.

»Stopp. Die sind nicht glutenfrei«, erschrak ich, ohne das gewünschte Ergebnis bei ihr zu erreichen. Sie biss trotzdem hinein und schmatzte genüsslich. Da fiel es mir wie Schuppen von den Augen. »Du!«, rief ich erzürnt. »Du bist eine miese Lügnerin!«

Taras Lachen bestätigte meinen Verdacht. Sie hatte gar keine Allergie. Dann wurde ihr Gesicht zunehmend ernster. »Es tut mir leid, Alize. Aber als du mit dem Kuchen vor der Tür standest, so nett und freundlich, konnte ich einfach nicht anders, als dich abzuweisen.«

Ich schnaubte empört.

»Bevor du jetzt wieder schlecht von mir denkst, will ich dir erklären, dass das nichts mit dir zu tun hatte. Wir ziehen ziemlich oft um. Dieses Jahr ist es schon das zweite Mal.«

Ich schluckte schwer. Bei der Vorstellung, dieses Haus hier verlassen zu müssen, um umzuziehen, wurde mir unwohl. Das hier war mein Zuhause.

»Ich bin schon so oft umgezogen, dass ich mittlerweile gar nicht mehr mitzähle. Die Kuchen, Blumensträuße und Weinflaschen, die wir zum Einzug von Nachbarn kriegen, schon gar nicht. Ich habe die Erfahrung gemacht, dass es sich nicht lohnt, Freundschaften einzugehen. Ein paar Monate später bin ich eh wieder weg.«

Auch wenn ich ihre Reaktion vor ein paar Wochen nun besser nachvollziehen konnte, blieb mir trotzdem noch eine Frage. »Aber warum bist du denn dann heute Abend hier?«, fragte ich verdattert.

Sie grinste mich schief an. »Weil ich dieses Mal das Gefühl habe, dass es anders sein wird«, entgegnete sie. Ich konnte die Hoffnung in ihren Augen erkennen.

Irgendwann während des Abends war meine Mutter von der Arbeit zurückgekehrt. Zu dritt hatten wir noch lange in unserer Küche gesessen und erzählt. Als sie uns um halb eins ins Bett schickte, verabschiedeten Tara und ich uns an der Haustür.

»Dann sehen wir uns also morgen«, stellte ich grinsend fest. Nie im Leben hätte ich gedacht, dass ich das mal zu ihr sagen würde. Ihr schien es ähnlich zu gehen.

»Damit kann ich leben«, kicherte Tara. Dann ließ sie die Tür ins Schloss fallen und war verschwunden.

Nachdenklich verweilte ich noch ein paar Minuten in der Küche und ließ die letzten Stunden Revue passieren. Dieser Abend war so skurril gewesen. Tara war ganz sicher auf irgendeine Art und Weise verrückt. Wir hatten so unterschiedliche Kindheiten gehabt, so unterschiedliche Erfahrungen gemacht, aber trotzdem hatten wir uns heute Abend bizarrerweise verstanden. Wir hatten geredet und gelacht, als würden wir uns schon ewig kennen, und langsam begriff ich, dass das vielleicht einfach Taras Art war. Sie war echt und direkt, weil es ihr nichts nützte, ein großes Ding aus allem zu machen. Weil sie für gewöhnlich nicht die Zeit dafür hatte. Vor allem aber war sie ein Mädchen, das immer zwischen Umzügen hin- und hergerissen war. Die Möglichkeit, ein Gewächshaus zu pflegen, gab ihr eine Freiheit, die sie bisher in ihrem Leben nie gehabt hatte. Vielleicht würde es sogar so weit gehen, dass sie in dem Gewächshaus ein Stückchen Heimat fand.

Diesen Wunsch, den Wunsch nach etwas Festem, etwas, was blieb, hatte sie mir nicht erklären müssen. In den Geschichten über ihre Umzüge und deren Gründe, über Nächte auf Autobahnen und Abende an kalten Stränden, hatte es sich alles in meinem Kopf zusammengefügt. Das Resultat war, dass ich ihr ihre Bitte nicht mehr abschlagen konnte. Tara hatte gewusst, dass, sobald sie mir ihre Geschichte anvertrauen würde, ich nicht mehr Nein sagen konnte. Gemeinsam mit einer fremden Verrückten würde ich in meinem Garten ein Gewächshaus bepflanzen.

Nach dem langen Abend bei mir in der Küche, der im Nachhinein unsere Freundschaft besiegelt hatte, sahen Tara und ich uns beinahe täglich. Jede Woche arbeiteten wir an dem Gewächshaus, putzten es, reparierten undichte Stellen und bauten Hochbeete für Tomaten, Salat und Gurken. Zunehmend verstanden wir uns auch ohne Worte. Tara war diejenige, die die Spinnen nach draußen trug und mir das nötige Pflanzenwissen vermittelte. Ich übernahm den kreativen Part unserer Arbeit und kümmerte mich um das Interieur. Ich bemalte Blumentöpfe und verzierte sie mit meinen eigenen Gedichten, die Tara erst schrullig fand, später aber zugab, doch ein kleines bisschen zu mögen.

So begannen die Sommerferien mit Farbklecksen auf Hosen, anstatt mit Sonnenmilchflecken auf T-Shirts. Im Juli, knapp vier Monate, nachdem Tara in die Ruine eingezogen war, fanden wir das erste Mal Zeit, auch außerhalb unseres Gartens den Sommer zu genießen. Wir streiften durch Wälder, badeten in Baggerseen und schleckten das Eis meiner Oma auf ihrer Terrasse. Überall, wo wir hingingen, umgab uns die Leichtigkeit des Sommers. Die Freiheit, jeden Tag nur das zu tun, was man auch wirklich machen wollte. Tara und ich waren unbezwingbar. Die Tara, die ich ursprünglich kennengelernt hatte, die, die nur Schwarz trug, war Stück für Stück verschwunden. Lediglich ihre Boots behielt sie immer an. Ich lernte, dass sie ein Teil von ihr waren, so wie sie lernte, dass ich nicht ohne meine Cookies leben konnte.

Es lag noch eine Ferienwoche vor uns, als sie eines Nachts vor mir stand, den Schlafsack unter den einen Arm geklemmt und eine Lampe in der anderen.

Ich stellte keine Fragen. Das musste ich nicht. Mittlerweile kannte ich Tara so gut, dass ich wusste, was ihr Auftauchen wohl bedeuten musste. Wir beide hatten gewusst, dass dieser Tag einmal kommen würde, auch wenn der Sommer ihn lange überschattet hatte.

»Lass uns heute im Gewächshaus schlafen«, flüsterte sie matt, wissend, dass ich verstand und keine Fragen stellen würde. Heute Nacht würden wir im Gewächshaus schlafen, weil wir es konnten, nicht weil wir es mussten. Ich unterdrückte die aufkommenden Tränen.

Gemeinsam schleppten wir Matratzen von meinem Zimmer in das Haus, in dem wochenlange Arbeit und unser Herzblut steckten. Wir legten den kalten Boden mit Decken aus und sorgten für ausreichend Snacks für die Nacht. Wirklich essen konnte aber keine von uns beiden. Zu schwer lag die Bedeutung dieses Abends auf uns.

Als wir schließlich schon um elf Uhr das Licht löschten und uns wortlos in unsere Schlafsäcke kuschelten, kroch die Kälte nagend unsere Körper hoch. Mich ließ sie nicht einschlafen. Quälende Stunden lag ich steif wie ein Brett da, mit schweißnassen Händen und schwirrendem Kopf. Egal, wie sehr ich mir auch den Kopf zerbrach, ich wusste, dass es keine Lösung gab. Deshalb begann ich zu flüstern. Ich erzählte von unseren gemeinsamen Erlebnissen, den Zeiten, in denen ich Tara gehasst hatte, und denen, in welchen ich realisiert hatte, dass sie die beste Freundin auf Erden war. Dann erzählte ich ihr all die Dinge, die mir gerade einfielen. Sinnloses Zeug, nichts von Relevanz. Ich brabbelte und brabbelte, bis ich schließlich zu dem Zeug kam, von dem ich wusste, dass sie es nicht hören wollte, aber ich es dennoch erzählen musste.

Als ich begann zu erklären, warum Wildblumen für mich die schönsten Pflanzen der Welt seien, wendete sie mir auf der Matratze sofort den Rücken zu. Sie wusste, in welche Richtung mein Monolog führen würde, und hoffte deshalb schweigend, ich würde ihren angespannten Gesichtsausdruck und die flache Atmung nicht bemerken, die immer dann auftauchten, wenn sie gegen ihre Gefühle ankämpfte. Dabei war mir bewusst, dass sie genauso wenig schlief, wie ich es tat. Ihre Körperhaltung verriet mir, dass sie es nicht ertragen würde, wenn ich ihr meine Worte ins Gesicht sagte. Ich hätte sie so gerne angeschaut, wenn ich ihr erklärte, was ich damit meinte, wenn ich sagte, sie wäre wie Löwenzahn und ich wie eine Pusteblume. Aber sobald ich die letzten Male begonnen hatte, darüber zu sprechen, hatte sie nur gelacht und gesagt, ich solle das lassen mit meiner Poesie. Meistens widmeten wir uns dann wieder den Pflanzen, aber weil ich fand, dass sie es in dieser Nacht dennoch hören musste, flüsterte ich ihr leise meine Worte ins Ohr, während sie weiterhin so tat, als würde sie schlafen.

Es war fies von mir, weil ich um ihre Wehrlosigkeit wusste. Hätte sie mich abermals abgeblockt, hätten wir reden müssen, über morgen, über übermorgen und den Tag danach. Wir beide wussten das, und wir wussten gerade deshalb, dass wir es nicht tun würden. Reden. Es war ein unausgesprochenes Gebot unserer Freundschaft, es nicht anzusprechen. Deshalb blieb sie stumm, während ich fortfuhr.

Ich sagte ihr, dass wir wie Löwenzahn und Pusteblume seien, weil sie mir den Nährboden für meine Träume gab, obwohl sie wusste, dass ihre Träume nicht in Erfüllung gingen. Ich sagte ihr, dass sie wie Löwenzahn sei, weil, egal wie oft man ihr die Wurzeln ausriss oder man sie einasphaltierte, sie trotz ihrer teerverklebten Lunge die Kraft fand, schöner und stärker aufzublühen als je zuvor. Ich sagte ihr, dass sie für mich wie Löwenzahn sei, weil, auch wenn andere ihre Schönheit nicht erkannten, ich genau ihre Wildheit und Anmut schätzte. Ich gestand ihr, dass Löwenzahn meine Lieblingsblume war. Denn nichts anderes war Löwenzahn für mich, eine missverstandene Blume und kein Unkraut.

Als Tara schließlich aufgab, so zu tun, als würde sie schlafen, drehte sie sich schluchzend zu mir um. Ein mattes Lächeln stahl sich auf ihre Lippen. Ich nahm sie in den Arm, und endlich ließ sie sich fallen.

Am nächsten Morgen weckten mich gewaltige Rückenschmerzen. Durch die Blätter der Bananenstaude fielen durch das staubige Glas einzelne Sonnenstrahlen. Eine kleine Spinne räkelte sich im Sonnenlicht und schien die wohlige Wärme in dem Gewächshaus zu genießen. Ich lag mit dem Kopf zur Wand, abgekehrt von der Tür, die in die Außenwelt führte. Auch ohne mich umzudrehen, wusste ich, was mir das flaue Gefühl in meinem Bauch mitteilen wollte. Tara war weg.

Wie paralysiert schleppte ich mich ins Haus durch die Küche, in der Hoffnung, ich würde dort Tara verschmitzt eine Zigarette drehen sehen. Doch die Küche war leer. Atemlos rannte ich in den Flur, riss die Eingangstür auf und lief weiter vom Bürgersteig auf die Straße und in den Vorgarten auf der anderen Straßenseite. Ich ignorierte das Fehlen der grünen Ente am Straßenrand, ich ignorierte den nun platten, verkümmerten Fußball auf dem Rasen. Stattdessen spürte ich den Schmerz, als sich die Schottersteinchen in meine nackten Füße bohrten, während ich auf die Haustür des Butterkekses einhämmerte. Doch es hatte keinen Zweck. Erschöpft schluchzend ließ ich meine Faust sinken, auf das inzwischen unbeschriftete Klingelschild starrend. Von irgendwo hörte ich Schritte und Kies knirschen. Dann waren da Arme und der Duft meiner Mutter, die mich umfingen.

»Es tut mir so leid, Mäuschen«, flüsterte sie. Ihre beruhigenden Bewegungen auf meinem Rücken bestätigten meine Vermutung noch einmal mehr. Tara war weg, und sie würde nicht mehr wiederkommen.

Glashaus

Wir sitzen in unserem Glashaus.
Wir pflanzen.
Wir graben.
Wir topfen um.
Bis ich umgetopft werde.

Wir saßen in unserem Glashaus.
Wir pflanzten.
Wir gruben.
Wir topften um.
Bis ich umgetopft wurde.

Du sitzt in deinem Glashaus.
Du pflanzt.
Du gräbst.
Du topfst um.
Bis ich zurückgetopft werde.

Ich träume von unserem Glashaus.
Ich pflanze.
Ich grabe.
Ich topf um.
Ich topf mich um.
Ich topf mich ein.
Bis ich Eintopf bin.
Bis ich nicht mehr topfen muss.
Bis mir Wurzeln wachsen.
Bis ich Heimat nicht mehr düngen muss.
Weil ich bleiben kann.

Ich merkte, wie sich ein Lächeln auf meine Lippen stahl. Die wahre Bedeutung ihrer Worte, die sie so mühselig aufs Papier gebracht hatte, würden nur wir beide verstehen.

Von Tag eins an wusste ich, wie es um Tara und mich stand. Spätestens als sie in meiner Küche aufgetaucht war, hatte ich gewusst, dass diese Freundschaft eine besondere werden würde.

Wir beide hatten es gewusst und vermieden es deshalb, die Sache zu beschönigen. Wir ließen die üblichen Oberflächlichkeiten weg, waren mutiger, offener, waghalsiger. Wir wussten um die kurze Zeit unserer Freundschaft, und vielleicht war sie gerade deshalb die beste Freundschaft, die ich jemals in meinem Leben haben würde. Tara war die Art Mensch, dessen Leben sich mit dem eines anderen nur für eine kurze Zeit überlappte, bevor beide, ohne den jeweils anderen, weitergingen. So war es auch bei uns gewesen. Und jetzt war sie weitergegangen. So plötzlich wie sie aufgetaucht war. Aber dieses Gedicht gab mir Hoffnung. Es bestätigte mir, dass ich es geschafft hatte, einer rastlosen Seele eine Heimat zu geben, zu der es sich lohnen würde zurückzukommen. Und so lange würde ich in unserem Gewächshaus gärtnern, bis meine Pusteblumen sie finden würden.

ॐ

MERIT LACHMANN,
geboren 2005, absolvierte ihr Abitur 2023 am Freiherr-vom-Stein Gymnasium in Kleve. Neben ihrer Leidenschaft für das Schreiben verbringt Merit ihre Zeit gerne in alten Buchläden, beim Sport oder mit dem Entdecken fremder Großstädte. Ab September 2024 wird es sie für ein Jura-Studium nach Hamburg verschlagen.

REBEKKA MICHEL

Blau ist ihre Lieblingsfarbe

Die Morgensonne steigt über den Horizont und wirft ihre Strahlen durch die lichten Wälder. Am Boden funkelt ein Meer von Tautropfen besetzten Spinnennetzen. Ich reibe meine nassen Hände an meinem Kleid trocken.

»Wie gut, dass du ein altes Kleid von mir trägst«, ertönt es hinter mir. »Blaubeerflecken sind hartnäckig.«

Ich drehe mich um und winke Edda zu. »Hej[1] Edda«, rufe ich. »Zwei gefüllte Eimer!«

Mit je einem Eimer in meiner Hand steige ich über die Sträucher und laufe auf Edda zu, die in ihrem Rollstuhl im Garten auf mich wartet. Ich laufe der Sonne entgegen und bin gezwungen, meine Augen ein Stückchen zuzukneifen. »Das reicht ja für ein ganzes Dorf«, schmunzelt sie und deutet auf die Eimer. »Für Lyckerby reicht es allemal«, sage ich und stelle die Eimer ab. Lyckerby ist ein kleines Holzdorf in Südschweden mit 200 Einwohnern inmitten der Schären. Die Post kommt üblicherweise zweimal in der Woche – im Winter manchmal gar nicht. In der Früh fährt

---

1 Schwedische Begrüßung

ein Bus die Schulkinder eine Ortschaft weiter und bringt sie am Nachmittag wieder nach Hause. Die restliche Zeit überwiegt der Radverkehr, was Lyckerby zu einem ruhigen Ort macht.

Edda trägt einen orangefarbenen Sonnenhut, unter dem ein paar Strähnen ihrer weißen Haare heraushängen. Sie beugt sich nach vorne. »Tack«,[2] sagt sie erfreut und gibt meiner hängenden Hand als Dankeschön einen kurzen Druck, danach faltet sie beide Hände wieder auf ihrem Schoß.

Ich laufe vor und stelle die Eimer auf dem Küchentisch ab. Danach schiebe ich Edda den Garten hoch und stoppe auf der Veranda. »Du bist so flott, da wird einem ja schwindelig«, scherzt sie und zieht ihren Hut zurecht.

»Das müsstest du doch so langsam gewohnt sein«, gebe ich zurück. Ich stütze meine Ellenbogen auf dem weißen Geländer ab und lege meinen Kopf in meine Hand. Edda ist fast 87 und wohnt in einer Stuga[3] oberhalb eines kleinen Sees. Von ihrer Veranda mit dem schönen weißen Dielenboden bis zu dem See führt ein schmaler Pfad, der sich um die vielen Blumen und Hochbeete schlängelt. Am Ende geht er in einen Steg über, der sich fast über ein Viertel des Sees erstreckt. Dort verbringen wir jeden unserer Abende mit einer kleinen Laterne, seit ich vor fünf Wochen hierhergekommen bin. Edda erzählt von wilden Abenteuern aus ihrer Jugend und ihrer behüteten Kindheit in Lyckerby. Ich höre gespannt zu und hole mir stets einen weisen Rat von ihr ein. Im Hintergrund stimmen die Vögel dann immer in ihr Abendkonzert ein, und die Mitternachtssonne legt sich über die Landschaft. Die Wasseroberfläche schimmert orange und gelb. Aus der Ferne ertönt nicht selten ein Elch, und auch der Streit der Krötenfamilie am Ufer ist nicht zu überhören. Die

2   Schwedisch für »Danke«
3   Typisch schwedisches Sommerhaus

Luft duftet nach einer Mischung aus frischem Moos, Harz und Wasser. Der Wind erweckt das sanfte Rauschen der Wälder und lässt seine Zweige tanzen. Ich liebe die Unbeschwertheit und Geborgenheit dieses Ortes.

»Wann fährst du?«, Eddas Worte reißen mich aus meinen Gedanken. Ich blicke über meine linke Schulter. Sie muss mich die ganze Zeit beobachtet haben. Die Armbanduhr an ihrem Handgelenk verrät mir, es ist halb zehn.

»Um 14 Uhr«, sage ich. Ich setze zwar ein Lächeln auf die Lippen, doch bin mir jetzt schon sicher, dass ich diesen Ort vermissen werde.

»Na dann werde ich mich mal an die Marmelade machen, sodass du mir nicht leer nach Hause fährst.« Sie strengte sich an, sich nichts anmerken zu lassen, aber ich spürte den Beiklang in ihrer Stimme. Ich schaue ihr nach, bis sie über die kleine Rampe fährt und hinter der Tür verschwindet.

Ich steige die knarrenden Holzstufen hinauf in den zweiten Stock. Neben meinem Zimmer gibt es hier noch zwei weitere. Einmal ein Gästebad und eine Abstellkammer. Ich liebe ihren alten, leicht modrigen Geruch. Durch ein kleines Fenster am Ende des Gangs wirft die Sonne ihr Licht auf den abgenutzten Holzboden, dessen Macken durch einen bunten Teppich kaschiert sind. Seit Edda aufgrund ihrer Altersschwäche auf den Rollstuhl angewiesen ist, war sie nie mehr hier oben. Nächste Woche sind die Semesterferien vorbei, und ich muss zurück in Deutschland sein. Allein der Gedanke daran fühlt sich so an, als würde mir meine ganze Freude an einem Faden aus der Seele gezogen. Auch dass Edda wieder zwei Ortschaften weiter muss, in eine betreute Wohngemeinschaft, erleichtert mir den Abschied nicht. Auch wenn die Stuga ihr Besitz ist, kann sie alleine hier nicht wohnen, vor allem nicht in den kalten Monaten.

Nun komme ich schon seit drei Jahren im Sommer nach Schweden. Im ersten Jahr betrieb sie mit ihrem Ehemann Gunnar, der im Herbst darauf verstarb, noch ihr kleines Café im Dorf. Ich verbrachte ein Praktikum in Stockholm, um mein Schwedisch aufzubessern, und entschied mich kurzerhand, nach dessen Ende einen Roadtrip durch die Schären zu machen. Als Aushilfe verdiente ich mir in dem Café einen kleinen Lohn. Edda stellte mir dann ihr Gästezimmer zur Verfügung, und seitdem treibt es mich immer zurück nach Lyckerby. Edda wurde zu meiner schwedischen Oma.

Nach Gunnars Tod musste sie schweren Herzens den Betrieb einstellen, weil es keine Nachfolger gab. Heute steht das Café leer, doch sie bringt es nicht übers Herz, es zu verkaufen. Wenn ich mit dem Rad unterwegs bin, halte ich gelegentlich dort an und versuche, durch die staubige Scheibe etwas zu erkennen.

»God Morgon.«[4] Ich drehe mich um und schaue die Treppe hinunter, wo Kalle mit einem breiten Grinsen in der Tür steht. Er trägt Arbeitshandschuhe und wie immer seine Schildkappe. »Ich dachte, du wärst schon gestern gefahren?«

»Hatte ich eigentlich auch vor«, beginne ich und laufe die Stufen hinunter. »Aber du siehst ja.« Ich nicke Richtung Tür. »Sie wollte es sich nicht nehmen lassen, extra für mich noch ihre Blaubeermarmelade zu kochen.«

»Hej Kalle«, ertönt es aus der Küche. Der Duft von süßer Blaubeere steigt mir in die Nase.

»Sie hat Ohren wie ein Fuchs. Das hat sich nicht geändert in den fünf Wochen«, stellt er beeindruckt fest. Er lehnt sich an die Wand und verschränkt seine Arme vor der Brust.

»Ich fahre um 14 Uhr. Ich wäre dir sehr dankbar, wenn du ihr

4 Schwedisch für »Guten Morgen«

noch hilfst aufzuräumen, bevor du sie fährst.« Ich stecke meine Hände in die Hosentasche. »Um den Rest hab ich mich gekümmert. Du hast ja den Schlüssel, falls was sein sollte.«

Kalle Olsson ist der Enkel von Gunnars Bruder. Zusammen mit seinem Vater betreibt er einen Bootsverleih in Lyckerbys Hafen. Wenn ich nicht da bin, pflegt er den Garten, hält das Haus instand und stattet Edda hin und wieder einen Besuch ab. Dafür steht ihm das kleine Gartenhaus am See zur Verfügung. Früher hat er dort in seiner Freizeit immer Bootsmodelle aus Holz angefertigt und sie Edda und mir bei einer Testfahrt auf dem See präsentiert. Heute lagert er dort neben den Modellen, die nach seinen Testfahrten noch heile waren, lediglich ein paar Werkzeugkästen.

»Klar, kann ich machen«, nickt er. »Hast du ihre Koffer schon gepackt? Ich hab den Transporter dabei.« Kalle deutet mit dem Daumen nach hinten über seine Schulter.

»Ja, sie stehen im Wohnzimmer.«

Kalle bringt Edda samt ihrem Gepäck zu Beginn des Sommers hierher und fährt sie an seinem Ende wieder zurück. Fahrzeugtechnisch ist er dafür bestens ausgestattet.

»Freust du dich schon auf Deutschland?«, fragt Kalle und schaut mir in die Augen. Sein Blick verrät mir, er kann sich die Antwort bereits denken.

Ich seufze. »Sehe ich so aus?«, frage ich sarkastisch.

»Wie lange musst du noch studieren?« Kalle neigt seinen Kopf. Er wirkt aufrichtig interessiert.

»Zwei ganze Jahre«, gebe ich zurück. Das führt mir wieder vor Augen, wie lang ich noch an Deutschland gebunden bin. Kalle nickt vor sich hin.

»Natürlich werde ich nächsten Sommer wiederkommen«, werfe ich ein, um mir selbst Zuversicht zuzusprechen. Zwei

Jahre sind verdammt lang. Zwei Jahre können viel verändern. Zwei Jahre sind wertvolle Zeit.

Unsere Blicke schweifen zur sich öffnenden Küchentür. Eine warme Duftwolke kommt uns entgegen, und Edda blickt mit ihrer beschlagenen Brille hoch.

Kalle und ich schauen uns an und müssen loslachen. »Edda, also wenn du die Marmelade die ganze Zeit mit dieser Brille gemacht hast, weiß ich ja nicht, ob das noch was wird«, scherzt Kalle, zieht ihr die Brille ab und putzt sie an seinem weißen T-Shirt ab. Jetzt fallen mir Eddas wunderschöne blaue Augen wieder auf.

»Tack, Kalle, mein Junge«, bedankt sich Edda. Auch sie muss lachen. Sie putzt ihre Hände an dem Küchentuch ab, das auf ihrem Schoß liegt. »Kalle, kannst du mir einen Gefallen tun und ins Café fahren?« Sie setzt ihre Brille langsam wieder auf. »Meine Gläser sind alle. Gleich, wenn man zur Hintertür reingeht, also nicht durch die Ladentür vorne, sondern von hinten über die Terrasse, stehen links auf dem alten Herd noch Kartons mit Gläsern«, gestikuliert sie. »Madé, du kannst mitfahren und ihm helfen. Das dauert ja nicht lange.«

Ich war seit Ewigkeiten nicht mehr im Café. Edda wühlt in ihrer Tasche und zieht einen großen Schlüssel mit einem blauen Strick daran heraus. Sie reicht ihn mir.

»Worauf wartet ihr zwei?«

Ich schließe die Tür hinter mir. »Wir müssen dein Auto nehmen – bei mir sind meine Koffer schon drinnen«, rufe ich, als ich die Verandastufen hinuntereile.

Kalle fährt einen grauen Ford Ranger. Ich werfe einen Blick in den Fußraum. Neben Fichtennadeln rollen einzelne Steine hin und her, als wir über einen Feldweg auf die Landstraße einbiegen.

Ihm müssen meine Blicke aufgefallen sein.

»Ich baue gerade selbst ein Boot am Hafen, deshalb liegt hier so viel Dreck«, erklärt er dezent verlegen.

»Du baust selbst ein Boot?«, wiederhole ich erstaunt. »Wie aufregend!«

Seine Mundwinkel gehen nach oben, und die Grübchen in seiner Wange erscheinen. Wie schön, dass er seine Modelle aus dem Gartenhaus jetzt verwirklicht.

Kurze Zeit später erlischt der laute Motor seines Autos, und wir steigen aus. Vor dem Café befindet sich ein mit Blumen geschmückter Brunnen. Kalle läuft voraus und tunkt seine Hände in das dunkelblaue Wasser. »Komm ja nicht auf die Idee –« Noch bevor ich überhaupt weitersprechen kann, trifft mich ein kalter Schwall Wassertropfen. »Kalle, du bist so ein Träumer, echt«, lache ich und reibe meine Augen trocken. Kalle tritt zwei Schritte zurück. Er rechnet sicherlich mit einer Revanche. »Du kannst ruhig hierbleiben. Das kriegst du zweifellos zurück. Ich denk dran«, versichere ich ihm.

»Dann schreib es dir lieber auf, bis nächstes Jahr hast du das vergessen«, witzelt Kalle.

»Mach dir da mal keine Sorgen. Schließlich lautet mein Name nicht Kalle Olsson«, foppe ich ihn.

Kalle schaut mich an wie ein Auto, und ich muss lachen. »Komm jetzt einfach, Kalle«, sage ich zwischen meinen Lachern. »Komm einfach.«

Ich laufe voraus, einen schmalen Schleichweg entlang, bis wir in den Hinterhof kommen. An der roten Hauswand steht eine weiße Bank, deren Farbe schon zum Großteil abgeblättert ist. Darunter ragt Unkraut und Gras aus den Ritzen der Pflastersteine. Rechts daneben ist die hellblaue Hintertür, deren Türgriff schon rostig ist.

»Ich hab das Auto aufgelassen. Dann können wir die Kartons

gleich reinstellen«, sagt Kalle, der mit dem Rücken an der Hauswand lehnt. Ich nicke und stecke den Schlüssel in das Schloss.

»Der Schlüssel passt nicht«, stelle ich fest. Obwohl er in das Schloss passt, bewegt er sich nicht. Kalle besteht darauf, es auch mal zu versuchen. Verwundert stehen wir vor verschlossener Tür.

»Das ist der falsche Schlüssel«, erkennt Kalle und mustert den Schlüssel in seiner Hand. »Das ist der Zweitschlüssel fürs Gartenhaus.«

Ich seufze. »Dann hat sie sich wohl vergriffen. Sie hat ihn sich bestimmt nicht richtig angeschaut.«

Kalle überschlägt die Hände im Nacken. »Tja, dann müssen wir noch mal schnell zurückfahren«, sagt er und schaut mich an.

Ich laufe wieder voraus und biege rechts um die Ecke in Richtung Auto. Aus der Ferne schallen Stimmen. »Hörst du das auch?«, fragt Kalle hinter mir.

»Also nach einer üblichen Konversation hört sich das ja nicht so wirklich an …«, ergänze ich verwundert. Unsere Schritte werden schneller. Als wir auf dem Gehweg stehen und endlich freie Sicht über Lyckerbys Dorfplatz haben, entdecken wir eine kleine Ansammlung von Menschen vor der Bäckerei von Familie Larsson. Sie gestikulieren wild in der Luft herum und schlagen die Hände über dem Kopf zusammen.

»Da ist meine Mutter dabei«, erkennt Kalle und zeigt auf eine blonde Frau in weißer Schürze. Anscheinend arbeitet sie in der Bäckerei.

»Wir haben doch noch kurz Zeit, oder?«, fragt Kalle.

Gerade als ich nach meinem Handy greifen will, läuft Kalle schon los.

»Frau Karlsson, ich habe es Ihnen bei meinem letzten Besuch Anfang Mai schon angekündigt, wenn die Mängel bis heute,

Donnerstag, den 22. August, nicht behoben sind, bin ich dazu gezwungen, den Betrieb der Bäckerei vorerst einzustellen«, sagt ein dunkelhaariger Mann. Er trägt einen schwarzen Anzug und eine Mappe in seiner Hand. Ich schaue auf das Kennzeichen seines schwarzen Volvos. Ein A, das für den Bezirk Stockholm steht.

»Es tut mir sehr leid, Frau und Herr Karlsson. Sie werden Post von mir bekommen. Ich empfehle mich.« Der Mann zeigt keinerlei Emotionen, nickt stattdessen, bevor er in sein großes Auto steigt, setzt eine schwarze Sonnenbrille auf und fährt davon. Ich schaue ihm so lange nach, bis sein Auto hinter der ersten Kurve verschwindet. Kalle spricht derweilen mit den Personen. Dem Glockenläuten entnehme ich, dass es elf Uhr ist. In drei Stunden muss ich mit meinen sieben Sachen im Auto sitzen und losfahren.

Beim Zurücklaufen zum Auto wirkt Kalle sichtlich gereizt. An seinem Gesicht kann ich erkennen, dass sich in seinem Kopf gerade ganz viele Räder drehen. Mit viel Mühe werde ich seinem Schritttempo gerecht.

»Kannst du mich mal aufklären? Was war das eben?«, möchte ich wissen.

»Warte, bis wir im Auto sind«, gibt er knapp zurück.

»Der Typ eben war vom Gesundheitsamt in Stockholm. Er macht den Karlssons vorerst den Laden zu, weil sie anscheinend wichtige Kriterien nicht erfüllt haben«, fängt Kalle an. Mit einem Zug fährt er aus der Parklücke, beschleunigt, sodass ich in den Sitz gedrückt werde. »Übermorgen ist Dorffest in Lyckerby, und die Karlssons sind eigentlich für die Belieferung der Backwaren zuständig.«

Mir fallen seine zusammengepressten Lippen auf. »Was macht ihr jetzt?«, frage ich.

»Meine Mutter meinte, ich soll mit Edda reden wegen ihrem Café. Die Backstube sollte ja noch instand sein«, Kalle stoppt, wirft einen kurzen Blick über seine rechte Schulter und biegt auf einen geschotterten Feldweg ab. »Sie brauchen schnellstmöglich eine Lösung, ansonsten haben wir übermorgen ein riesiges Problem.« Kalle schaut mich an, als ob er sich vergewissern möchte, dass ich den Ernst der Lage nachvollziehen kann. Ich nicke langsam vor mich hin, schweigend, und versuche, mitzudenken. Auch ich erwische mich mit zusammengepressten Lippen.

»Schlimm so was«, ergänzt er verärgert. »Schlimm.« Er runzelt die Stirn. Ich denke an Edda und frage mich, ob sie dem Ganzen zustimmen würde. »Glaubst du, Edda wird Ja sagen?«, spricht mich Kalle an, als hätte er die Zahnräder über meinem Kopf gesehen.

»Ich kann das total schlecht einschätzen. Sie liebt Lyckerby, aber ihr Café ist ihr Heiligtum«, antworte ich ehrlich. »Du kennst sie länger als ich.«

Nach Eddas Briefkasten biegen wir rechts ab und fahren über die schmale Teerstraße, deren Oberfläche durch unzählige Baumwurzeln sehr uneben ist. Der Schlüssel im Ablagefach rutscht hin und her.

Kalle dreht auf der Wiese, während ich durch den Garten und die Verandastufen hochjogge. »Edda!«, rufe ich leicht außer Atem. »Du hast uns den falschen Schlüssel mitgegeben.«

Sie hört mich wohl nicht. Mit einem Knarren öffne ich die Küchentür. Nichts, außer das laute Ticken der Uhr an der Wand. Ich kneife die Augen zusammen, doch ich kann nicht entnehmen, ob sie erst kurz oder schon länger nicht mehr in der Küche war. Der Dampf ist verflogen, genauso wie der intensive Duft nach Blaubeere. Der Herd ist aus, die Fenster geschlossen, und der Wasserhahn tropft nicht. Das Ticken der Uhr pocht in meinem Kopf. Darunter fällt mir ein Strick und ein Gartenhandschuh ins Auge, die auf dem Küchentisch neben ihrem Sonnenhut liegen. Ich seufze. Sie wird doch wohl nicht alleine in den Wald gegangen sein, um noch Blaubeeren zu pflücken? Zur Sicherheit überprüfe ich noch die restlichen Zimmer im Haus, auch die oben, aber sie ist nicht auffindbar.

»Kalle!«, rufe ich und winke ihm zu. Er lehnt an seinem Auto und telefoniert.

»Ich ruf dich zurück«, sagt er knapp, bevor er sein Handy auf seinen Sitz wirft und die Tür zuknallt.

»Was ist los?«, fragt er. Ich erkenne die Besorgnis in seinen braunen Augen.

»Edda ist weg«, kläre ich ihn auf. Ich hebe die Hand, in der ich den blauen Strick halte. »Sie ist bestimmt in den Wald, noch mehr Blaubeeren pflücken.«

»Wofür hat sie den Strick gebraucht?«, fragt er verwundert.

»Damit hat sie den Korb für die Blaubeeren an ihrem Rollstuhl befestigt, sodass sie die Hände zum Fortbewegen frei hat. Das macht sie immer so, wenn wir zusammen losgehen«, antworte ich und seufze. »Wir waren ja nicht mal lange weg. Na los, komm, wir müssen sie suchen!«

Wir steigen über die Sträucher und beginnen die Suche an dem Platz, wo ich heute Morgen schon war.

»So weit kann sie ja gar nicht gekommen sein«, sagt Kalle hinter mir.

»Nur weil du so tollpatschig bist und beinah über alles stolperst, was hier auch nur annähernd aus dem Boden ragt, heißt das nicht, dass eine erfahrene Rollstuhlfahrerin hier aufgeschmissen ist«, stelle ich klar. Ich schaue auf den Boden, aber entdecke keine Spuren.

»Madé?«, ertönt es hinter mir nach kurzer Stille.

Mein Blick bleibt auf den Boden gerichtet. »Ja?«, sage ich.

»Madé, jetzt guck doch mal rüber zum See!«

Ich schrecke auf.

Es fühlt sich an, als würde sich mein Herz von allen Venen lösen und hinunter bis zu meinen Füßen fallen. Im Hintergrund quakt eine Kröte, ansonsten ist es still. Ich spüre, wie sich Blässe auf meinem Gesicht verbreitet. Mein Blick verharrt auf dem leeren Rollstuhl am Ende des Stegs. Von Weitem erkenne ich die roten Speichen.

»Renn, Kalle, renn zu ihr!«, schreie ich und renne los. Mein langes Kleid bleibt an den Dornen der Sträucher hängen, doch ich bleibe nicht stehen. Wind zieht an mir vorbei und verweht meine braunen Locken. Ich renne einfach hindurch. Einfach Kalles Rücken hinterher. »Kalle, renn!«, rufe ich ihm hinterher und merke, wie meine Stimme bricht.

Schluchzend und völlig außer Atem hole ich Kalle ein, der vor ihrem Rollstuhl auf dem Steg steht. Das Holz unter unseren Füßen knarrt. Er kehrt mir seinen Rücken zu und schaut über den See. Seine Reaktion verängstigt mich noch mehr. Ich putze meine feuchten, nassen Hände nervös an meinem Kleid ab und wische mir damit meine laufende Nase ab. Schweigend dreht sich Kalle um. Kein Meter liegt zwischen uns. Ich blicke nach oben und schaue in seine braunen Augen. Mein Leben lang begegnete mir der Spruch: Blicke sagen oft mehr als Worte. Und das gerade ist wohl der Moment, in dem ich ihn am eigenen Leib erfahre.

Mit gebrochenem Blick steht er vor mir. In seinen Händen hält er einen hellblauen Umschlag. An der Seite ist ein kleiner Blaubeerfleck zu sehen. In schwarzer Schreibschrift und leicht verrutscht steht darauf »Testament« geschrieben. Als sich rechts im Wasser etwas bewegt, sehe ich unter dem Steg einen Arm hervortreiben. An dem Handgelenk befindet sich eine Armbanduhr. Viertel nach zehn.

Ich schaue auf meine zitternden Beine und spüre, wie mich meine Kraft verlässt. Vor Schmerz drücke ich meine Augen zu und spüre, wie mich Kalles Arme sicher auffangen.

൭

REBEKKA MICHEL

lebt mit ihrer Familie im hessischen Oberzent und besucht
das Gymnasium in Michelstadt. Ihre Geschichten und Gedichte
sind vor allem von der Natur inspiriert. Neben dem Schreiben
wandert und reist Rebekka gerne und engagiert sich
ehrenamtlich in der Kommune.

NORA NIEDERSTADT

2089

Eine weitere Zimmerpflanze tot.

Seufzend nahm Huck eines der Blätter zwischen Daumen und Zeigefinger, strich über die braune, raue Oberfläche, bis es zwischen seinen Fingern zerfiel, zerrieben wie Gewürze in einem Mörser. Die Avocado, die eigentlich große dunkelgrüne Blätter im Überschuss haben sollte, sah aus wie ein im Blumentopf steckender Stock mit ein paar letzten Blattleichen, ein Wegweiser ohne Schilder.

Gedankenverloren füllte er in der Spüle Wasser in einen Becher, dessen weißer Boden von grauen Strichen gekreuzt war, die Schleifspuren Tausender Löffel. Vielleicht konnte er wenigstens die restlichen Pflanzen in der Wohnung vor dem endgültigen Vertrocknen retten.

Das Problem daran, alleine zu wohnen (das hatte er schnell nach der Umquartierung gemerkt), war, dass es auf einmal niemanden mehr gab, mit dem er sich sein Schuldbewusstsein teilen konnte, auf den er einen Teil des alltäglichen Versagens abwälzen konnte.

Hatte sich früher das dreckige Geschirr in der Spüle gestapelt, war es beruhigend einfach gewesen, dafür Gründe zu finden: *Jen ist diese Woche mit Spülen dran, sie schiebt es nur vor sich her. Und überhaupt ist es kein Wunder, dass wir so viel dreckiges Geschirr haben, Kleinkinder machen nun mal Unordnung.*

Doch jetzt war er der Einzige in der Wohnung, und jede volle Waschmaschine, jedes dreckige Fenster und jede tote Topfpflanze hatte unweigerlich damit zu tun, dass er etwas nicht tat.

Und er tat vieles nicht.

Die letzten dreiundzwanzig Tage hatte Huck sich fast lückenlos im Wohnzimmer aufgehalten, von dem ein oder anderen Abstecher zur Toilette oder zum Kühlschrank mal abgesehen. Er war sicher, dass seine immer gleiche Position inzwischen einen perfekten Abdruck auf dem Sofa hinterlassen haben musste, sodass Archäologen eines Tages eine Art Fossil seiner Faulheit finden würden.

Andererseits würde es sein Sofa und seine Wohnung schon bald nicht mehr geben. Und erst recht keine Archäologen.

Das Wasser versickerte schnell in der staubtrockenen Erde der Blumentöpfe, die hellbraunen Klumpen, zu denen die Gartenerde geworden war, erinnerten ihn an die Bilder vertrockneter Felder, die in den letzten Jahren immer häufiger im Fernsehen aufgetaucht waren.

Ein sichtbares Zeichen der Dringlichkeit, mit der jetzt gehandelt werden muss, ein weiterer Beweis für die steigenden Temperaturen, wir müssen jetzt etwas tun. Was hatten sie nicht alles gesagt, um ihre Bereitschaft zu handeln zu zeigen. Dabei war ihnen zu diesem Zeitpunkt sowieso schon allen klar gewesen, dass die Wissenschaftler und Forscherinnen recht hatten mit dem, was sie seit zwei Jahren wieder und wieder sagten.

Die Erde würde spätestens im Jahr 2113 nicht mehr bewohnbar sein.

Die Ausrufe waren laut gewesen: zunächst nur Verleumdungen, das übliche Hinstellen von Presse und Wissenschaft als gefährliche Mächte mit dem alleinigen Ziel, die Menschheit zu kontrollieren. Es musste ein Schutzverhalten sein. Die Idee des eigenen Todes, der Selbstauslöschung, nein, der Massenauslöschung bis zum Punkt der Zerstörung allen menschlichen Lebens, war zu surreal, zu absurd, und es als Lüge zu akzeptieren war einfacher, als es hinzunehmen.

Es waren verrückte Zeiten gewesen. Anhänger sämtlicher Religionen, die sich gegenseitig beschuldigten, den Zorn einer höheren Macht auf sich gezogen zu haben. Verschwörungstheorien über die Rolle der Politik, der Illuminaten, der Echsenmenschen in der plötzlichen Hiobsbotschaft. Der selbstironische Hashtag #BecauseWeAreDoomed, der in den sozialen Netzwerken Runden machte – *proposing to my girlfriend #BecauseWeAreDoomed, surfing for the first time #BecauseWeAreDoomed, eating raw beef #BecauseWeAreDoomed.*

Doch nachdem sie sich ausgetobt hatten, nachdem jede Demonstration die Straßen durchlaufen hatte, jeder Vorwurf getweetet, jede Reaktion veröffentlicht, jede Rede gehalten worden war, waren sie mit etwas Schlimmerem als der Aggressivität der ersten Monate zurückgeblieben.

Der Hilflosigkeit.

Denn was konnten sie schon tun? Es war zu spät, um endlich in erneuerbare Energien zu investieren; zu spät, neue Wälder zu pflanzen oder alte zu schützen; zu spät, die CO_2-Emissionen zu verringern. Sie hatten den Kampf gegen sich selbst, das Spiel mit dem Feuer verloren. Und das weitaus früher als gedacht.

Das Gefühl, niemanden außer sich selbst verantwortlich machen zu können, war erschlagend, besonders junge Menschen litten unter den Ergebnissen der Forschung, so auch Huck.

Huck war nie überdurchschnittlich aktiv gewesen, was die Klimaschutzbewegung anging – klar, er war zu den freitäglichen Demos gegangen, hatte Strom gespart und war viel Fahrrad gefahren, aber wer tat das nicht – und doch füllte ihn die Nachricht mit einer für ihn erschreckenden Welle von Wut. Es war, als würden die Dinge um ihn herum ihre Form verlieren und zu leeren Gefäßen werden – die Politiker, die in ihren Reden wieder und wieder betonten, wie viel mehr sie getan hätten, wäre klar gewesen, wie schnell alles vorbei sein konnte; die Reichen, die gleich zu Beginn reges Interesse an sämtlichen Fluchtaktionen meldeten; die Promis, die auf einmal verkündeten, sich schon immer für den Klimaschutz eingesetzt zu haben.

Es machte ihn wütend – nicht die Art von Wut, die Reden schrieb und trotzig Gegenangriffe und Lösungsversuche plante, sondern die, die Wände einschlug und bis zur Heiserkeit schrie.

Trotzdem war Huck nicht unter den Demonstranten, die Flaschen schleuderten und wütende Schriftzüge an Wände sprühten, dazu fehlte ihm die Kraft. Er war wie erschlagen von der Unumstößlichkeit der Fakten, ausgebrannt wie die Autoskelette auf den Straßen. Er war fünfundzwanzig und würde seinen fünfzigsten Geburtstag nie erleben, würde nie Enkelkinder haben, nicht mit der Liebe seines Lebens alt werden, nie die vielen Länder sehen, die er vor seinem Tod hatte bereisen wollen, und selbst wenn er sie sah, was war es noch wert? In weniger als dreißig Jahren würde jedes Lebewesen auf der Erde, jede Giraffe, jede Spinne, jeder Fuchs und jede gottverdammte Topfpflanze tot sein.

Und Jen war schwanger.

Es war geplant gewesen, und vielleicht machte es das schlimmer. Sie hatten sich beide schon immer Kinder gewünscht, Huck, der durch seine Großfamilie gelernt hatte, dass sie das war, worauf er sich im Zweifelsfall verlassen konnte, und Jen, die an leere Räume und stille Abendessen gewöhnt war.

Wenn sie gefragt worden waren, warum sie schon so früh Eltern werden wollten, ob sie das Leben nicht noch etwas genießen wollten (und das waren sie gefragt worden, oft sogar), war ihre Antwort immer dieselbe gewesen: Sie waren jung, voller Motivation und Lebenslust und wünschten sich nichts mehr als eine eigene Familie. Warum also warten, wenn sie ihrem Kind jetzt das beste Leben bieten könnten?

Rückblickend war es fast ironisch, wie viel Wert sie auf die Lebensqualität ihres hypothetischen Kindes gelegt hatten.

Und so mussten sie sich 2087, als sie mit einer Mischung aus Schock und Freude auf den Test in Jens Hand starrten, nicht nur um den Erhalt ihrer Existenz sorgen, sondern auch um das Erschaffen einer neuen.

Denn konnten sie dieses Kind überhaupt in die Welt setzen? Eine Welt, die vor ihren Augen zerfiel, von der schon jetzt kaum mehr etwas übrig war, das sich zu retten lohnte, selbst wenn man gekonnt hätte? Es war nicht wirklich eine Frage ihrer eigenen Meinungen, denn sie waren sich einig, dass jede noch so kurze Zeit mit ihrem Kind besser war als gar keine, als eher eine Frage der Moralität dieser.

Jen weinte viel in dieser Zeit, die Schwangerschaft, ihre Situation und die sich immer klarer abzeichnende Wirklichkeit des Weltuntergangs wären schon einzeln zu viel gewesen, ihre zusammengenommene Wucht erdrückte das junge Paar vollkommen. Huck wäre gerne ihr Fels in der Brandung gewesen, wünschte sich mehr als je zuvor, dass sie sich jedes Leid teilen könnten, als er sah, wie sehr sie die Schwangerschaft zusätzlich belastete; doch er war zu sehr mit seiner eigenen Trauer beschäftigt.

Sie existierten für mehrere Wochen mehr nebeneinander als

miteinander, nur abends lagen sie zusammen im Bett, eng um-
schlungen, als könnten sie so ineinander verschwinden. Manchmal redeten sie, manchmal weinten sie, manchmal sahen sie sich
nur starr an, als könnten sie einander so ihren Unglauben klar-
machen.

»So geht das nicht«, flüsterte Jen eines Abends, und dann lauter, als wolle sie den Schutzraum der Stille brechen, »so geht das
einfach nicht, Huck.«

Sie lagen in ihrem Bett, nackte Beine verflochten, nackte
Oberkörper dicht aneinandergeschmiegt. Das graue Winterlicht
fiel schräg durch die halb geschlossenen Rollläden, Jens Gesicht
wirkte durch die getrockneten Tränenspuren und den Ausdruck
in ihren Augen sowohl verletzlich als auch entschlossen.

Jen seufzte leise, jedes Geräusch scheinbar gedämpft in ihrem
Schlafzimmer, entschärft und weichgezeichnet durch die Wärme, die von ihnen selbst ausging. Dann lehnte sie ihre Stirn an
Hucks, ihr Gesicht so nah, dass er nur verschwommen die grünen Sprenkel in ihren Augen sehen konnte, die weiche Kurve
ihrer Augenbrauen.

»Hör zu. Entweder wir bekommen dieses Kind, und wir sind
glücklich, und wir leben ... leben verdammt noch mal das beste
Leben, das uns möglich ist, oder wir geben es auf und versuchen,
zu zweit den Rest der Zeit zu genießen.«

Sie rückte ein wenig ab, legte ihren Kopf auf das Kissen und
hielt trotzdem Augenkontakt mit Huck, mit demselben Blick,
den sie oft hatte, wenn ihr wichtig war, dass er vollkommen verstand, was sie ausdrücken wollte.

»Wir ... Wenn wir dieses Kind bekommen wollen, und das
ist, wofür wir uns entschieden haben ... Wir bekommen dieses
Kind, weil wir beweisen wollen, dass das Leben schön ist, egal,
wie lang es dauert und unter welchen Umständen.«

Ihre Augen waren noch grüner in diesem Licht, wie die Hälften einer aufgeschnittenen Kiwi. »Wir können nicht die ersten sein, die nicht mehr daran glauben. Verstehst du, Huck, wir können nicht ... wenn wir mit diesem Gedanken unser Kind aufziehen wollen, können wir ihn nicht schon am Anfang verlieren.«

Jen zog leicht die Augenbrauen zusammen, als sie ihn ansah, und zog ihn näher, die Fingerspitzen auf seinen Rippen liegend wie auf Klaviertasten.

»Warum weinst du?«

»Jen, ich ... Es tut mir so unendlich leid, ich hätte für dich da sein sollen, ich hätte stark bleiben sollen für dich und das Baby, es tut mir so leid, ich ...«

Sie küsste ihn sanft, nicht fordernd, aber entschieden, wie das Setzen eines Punkts, das Zuklappen eines Buches. Dann sah sie ihn ernst an, ihre Nasenspitze noch immer an seiner.

»Wir hören jetzt auf. Okay?«

»Womit aufhören?«, fragte er, kurz flammte Panik in ihm auf, sie könnte ihre Zweisamkeit meinen, JenundHuck.

»Mit der Trauer. Wir hatten unsere Trauerzeit, und wir brauchten sie, und sie war wichtig. Aber jetzt müssen wir aufhören, die Quelle unseres eigenen Stroms zu sein. Wir hören ... wir versuchen, aufzuhören, okay?«

»Okay.« Eine Welle plötzlicher Zuneigung überkam ihn, und er zog sie eng an sich. In dieser Umarmung lag all seine überraschte Dankbarkeit dafür, diese Frau zu diesem Zeitpunkt in seinen Armen halten zu dürfen. »Keine Trauer mehr.«

Die nächsten Tage fühlten sich an, als wären sie wieder am Anfang ihrer Beziehung, nach den ersten Dates. Nicht nur aus den offensichtlichen Gründen, sondern auch, weil sie auf einmal wieder ein wenig unbeholfen in der Gegenwart des anderen waren – wie viel Freude war okay, konnten sie offen über die Schwangerschaft reden, wieder Filmabende machen, als wäre nichts?

Einmal, sie waren zum Einkaufen im Shoppingcenter in der Nähe, ließ Jen, ohne nachzudenken, eine Bemerkung zu den Babyklamotten fallen, die unweit im Regal ausgestellt waren. Vielleicht war es die aufgeregte Freude, die die beiden in den letzten Tagen ergriffen hatte, vielleicht ihr Wunsch, etwas Verrücktes zu tun, um der Trauer zu trotzen, ein Rebellionsakt der Freude, doch Huck schenkte ihr ein Grinsen, lief mit großen Schritten zum Regal und nahm vorsichtig die Mütze vom Stapel, über die sie geredet hatte.

»Wollen wir sie direkt mitnehmen?« Sein Grinsen erfror für einen Moment, als er sah, wie sie zögernd zwischen zwei Kleiderständern stand und ihn mit großen Augen ansah. Doch dann veränderte sich etwas in ihrem Gesicht, als würde sie es von innen heraus zerschlagen und ausbrechen aus ihrem Körper, als hätte sich jemand aus einer Tonpuppe gekämpft.

Jen nahm ihm so vorsichtig die Mütze aus den Händen, als wären seine Knochen nicht stabiler als die eines kleinen Vogels. Sie war braun mit kleinen Ohren und so winzig, dass man sich kaum vorstellen konnte, dass es Menschen gab, denen sie passen sollte. Jen betrachtete sie. »Wir nehmen sie mit«, sagte sie mit einem schwer zu deutenden Blick, »sie wird ihm perfekt passen.«

Sie schafften es ohne Ausrutscher aus dem Laden, doch als sie zurückliefen, die Mütze sorgfältig eingepackt, ihren eigentlichen Einkauf vergessend, warfen sie sich einen Blick zu und mussten beide gleichzeitig anfangen zu grinsen. Sie liefen Hand in Hand weiter, und als sie sich aus Versehen lachend in die Augen sahen, klang ihr Kichern schuldig, als wären sie zwei Kinder, die etwas Verbotenes getan hatten.

Die Mütze hatte er immer noch. Sie lag halb versunken in einem Spalt zwischen zwei Sofakissen, weil sie so nie mehr als ein paar Zentimeter von ihm entfernt war, wenn es wieder schwerer zu ertragen wurde.

Wenn er sich daran erinnerte, wie sie über Monate all ihr Erspartes angehäuft hatten, in den Formularen quasi darum *gebettelt* hatten, ihren Sohn anstelle von sich selbst in die Auslosungen schicken zu dürfen. Doch die Antwort war immer gleich geblieben: *Wir verstehen Ihr Interesse, doch aus Gründen der Gerechtigkeit müssen wir uns strikt an die vorgeschriebenen Regeln halten.*

Die Regeln.

Am Anfang hatte sie kaum jemand verstanden, weil es so viele Nebensätze gegeben hatte, und doch waren die Regeln, die über die Zukunft der Menschheit bestimmten, trotz all der philosophischen, politischen und wissenschaftlichen Ausschüsse, die über sie beraten hatten, fast schon zu simpel: Es wurde nach dem Zufallsprinzip entschieden.

Sechs Millionen Jahre menschlicher Entwicklung – und doch wurde ihr Fortbestehen dem Zufall überlassen, die schlauesten Köpfe ihrer Zeit und künstlichen Intelligenzen hatten sich darauf geeinigt, dass dies zu ihrem Besten war.

Selektion vermeiden, so war die offizielle Begründung formuliert gewesen. Sie alle hatten gewusst, an wen sich das wandte. Schon seit der ersten Verkündung des Marsflugs als Rettungsidee waren die Stimmen laut gewesen, wenn es darum ging, wer als Erstes oder überhaupt gerettet werden sollte – möglichst viele Frauen, um sich fortpflanzen zu können; möglichst nur Gesunde, um die kleine Marspopulation so lange wie möglich aufrecht zu erhalten; möglichst Junge, um das Überleben des Flugs zu sichern.

Doch auch andere Stimmen waren wieder aufgekommen,

jene, von denen man schon seit fast hundert Jahren gerne behauptete, man hätte sie zum Schweigen gebracht. Plötzlich war wieder die Rede von der überlegenen Rasse, dem stärkeren Geschlecht, der biologischen Reinheit.

Und auch die, die vorbildlich den Kopf schüttelten, wenn von diesen Diskussionen die Rede war, und damit angaben, wie entsetzt sie von den Argumenten waren, mussten erkennen, wie tief verankert diese Grundanschauungen auch in ihnen waren.

Einmal, als Huck beim Kiosk gewesen war, um Brötchen zu kaufen, hatte ihn auf einmal der Gedanke durchzuckt, der Verkäufer – ein türkischstämmiger Mann mit freundlichen Augen und Dreitagebart – könne an seiner Stelle einen Platz in einem der Transportschiffe bekommen. Huck hatte sich immer für einen der Guten gehalten, er war zu vielen Anti-Rassismus-Demonstrationen gegangen, sein Bruder war schwul, er war tolerant und intelligent und offen für neue Ideen und Eindrücke. Trotzdem war das Gefühl, das er bei diesem Gedanken verspürte: Wut. Er hatte mit Sicherheit einen besseren Schulabschluss als der Mann, dessen Akzent deutlich erkennbar war. Was wollten sie auf dem Mars mit einem Kioskverkäufer, der die Sprache nicht flüssig beherrschte?

Entsetzt von sich selbst hatte Huck dem verwirrten Mann ein zu großes Trinkgeld gegeben und sich, ohne ihn anzusehen, verabschiedet, hatte stattdessen starr und mit hochrotem Kopf auf den Linoleumboden geschaut.

Vielleicht ausgehend von diesen Erfahrungen hatten viele im Internet eine eigene Lösung für die Auswahl vorgestellt: eine Wahl, mit der festgestellt werden sollte, wer von der allgemeinen Öffentlichkeit als würdig für die Marsfahrt angesehen wurde. Natürlich wurde diese Variante nie durchgesetzt, es war völlig unmöglich, jeden über jeden abstimmen zu lassen – und außerdem war die Sorge zu groß, Reiche würden sich Stimmen kaufen.

Und so wurde letztendlich doch bestimmt, dass der Zufall entscheiden sollte. Obwohl die Wahl nicht vollkommen zufällig gewesen sein konnte, denn auf den auszufüllenden Formularen wurde unter anderem auch nach dem Alter, dem medizinischen Hintergrund und Ähnlichem gefragt.

Huck erinnerte sich noch ganz genau daran, wie Jen sich zu ihm gedreht hatte, als in den Nachrichten (damals lief das Fernsehen noch wie gewohnt, da noch kein marsbedingter Personalmangel herrschte) die Neuigkeit verkündigt worden war.

»Huck«, hatte sie gesagt, und das erste Mal hatte er ihr den absoluten Kontrollverlust angemerkt, »die machen das wirklich. Die losen uns aus.«

Die Auslosungen. Wie von selbst wanderte Hucks Hand bei diesem Gedanken zu seiner Hosentasche, manchmal stopfte er Ryans Mütze dort hinein, wenn er sich vom Sofa entfernte. Heute war sie leer.

Trotzdem fühlte sich der raue Stoff seiner Jeans beruhigend an, als er darüberstrich. Er dachte nicht gerne über die Auslosungen nach, sie brachten zu viele verwirrende Emotionen mit sich. Nie hatte Huck erwartet, wie sehr man sich für andere freuen konnte, während man sie gleichzeitig für ihr Glück hasste. Vor allem nicht, wenn es sich bei diesen Personen um die eigene Familie handelte.

Es war einfacher, nicht darüber nachzudenken.

Der Jeansstoff war nicht so gut wie Ryans Mütze, doch sie holte Huck zurück aus seinen Gedanken. Zurück zu seiner Wohnung, den weiß gestrichenen Wänden, den Topfpflanzen.

Neben ihm stand noch immer der halb volle Becher auf dem

Boden. Als Huck einen Blick auf die Uhr warf, sah er, dass es halb neun war. Sein Zeitgefühl hatte sich komplett verabschiedet seit der Umquartierung, wie der Abzug der Auserwählten zum Mars offiziell hieß. »Die Auserwählten«. So nannten die Zurückgebliebenen sie, lachend mit einem bitteren Unterton. Die Ironie half dabei zu verstecken, wie gerne sie unter ihnen gewesen wären.

Seufzend stand Huck auf – er konnte sich nicht daran erinnern, sich hingehockt zu haben – und brachte den Becher zurück zur Spüle. Das Licht der Sonne, die schon ihren Untergang ankündigte, fiel honiggolden durch das schmale Küchenfenster und malte ein Rechteck auf den billigen Laminatboden.

Sie hatten vorgehabt, richtigen Holzboden anzuschaffen, sobald Ryan alt genug war, nicht mehr ständig Sachen auf dem Boden zu verschütten, doch dazu würde es nicht mehr kommen.

Es war ungewöhnlich ruhig draußen, nur leises Vogelzwitschern füllte die stehende Abendhitze. Früher hatten oft Kinder auf dem Spielplatz gegenüber gespielt, das Kreischen und Lachen eine ständige Hintergrundkulisse. Doch jetzt waren die Schaukeln leer. Minderjährige hatten mehr Tickets in der Auslosung gehabt, Kinder unter zwei Jahren sogar Chancen, von einem Sorgeberechtigten begleitet zu werden. So wie Ryan und Jen.

Automatisch wanderte seine Hand wieder zur Hosentasche. Huck schloss kurz die Augen, sah seine kleine Familie vor sich, so wie an ihren schönsten Tagen, nicht wie am Tag des Abschieds, am Tag der Umquartierung. Er verzog das Gesicht wie bei Zahnschmerzen, seine Schläfen pochten unangenehm.

Heute war es besonders schlimm.

Huck sah auf die Uhr – fünf nach halb neun – und zog sich einen Pullover an, selbst verwundert von dem, was er mit routinierten Bewegungen tat, Schuhe anziehen, Ryans Mütze einstecken, Tür hinter sich abschließen, durchs Treppenhaus und nach draußen. Vielleicht würde ein Spaziergang wirklich helfen.

Der Spaziergang half nicht.

Früher, vor der Umquartierung und den Monaten zuvor, hatte Huck versucht, mindestens einmal am Tag rauszugehen, und wenn es nur zehn Minuten waren. Doch seit fast einem Monat war er überwiegend in denselben drei Räumen seiner Wohnung geblieben, und als er an diesem Donnerstagabend auf die Straße trat, an deren Ende gerade das letzte bisschen glühende Sonne unterging, wusste er auf einmal wieder, warum.

Die Straßen waren gespenstisch leer, aber noch immer von den Überresten des Widerstands geprägt. Aufgeweichte Schilder waren in den Asphalt getreten worden wie Böller in den Wochen nach Silvester, wüste Graffiti prangten an Hauswänden, teilweise über Fenster gesprüht.

Bevor sich die verzweifelte Verachtung in den Zurückgebliebenen ausgebreitet hatte, bevor sie versucht hatten, ihr Verlieren in der Lotterie des Überlebens als etwas Besseres hinzustellen, hatte es Kämpfe gegeben.

Auf einmal war infrage gestellt worden, ob man die Menschheit überhaupt in dieser Weise trennen sollte, ob es sich nicht vielleicht um eine Alles-oder-nichts-Situation handelte. Doch der Gedanke, eine Million Menschen würden ihre Chance aufs Überleben auf einem anderen Planeten nur aus Solidarität aufgeben, war absurd.

Huck hatte das gewusst, und er wusste es noch immer, und er rief es sich noch einmal ins Gedächtnis, als er nun durch die heruntergekommenen Straßen lief wie ein streunender Hund.

Der Überlebensinstinkt des Menschen ist der primäre Instinkt, man kann Liebe und Moral nicht vor ihn stellen.

Er hatte es im Kopf wieder und wieder vor sich hin geflüstert.

Als sie geschockt auf die Namen auf dem Formular gestarrt hatten, zwei mehr als erwartet, einer weniger als erhofft. Als er Jen versprochen hatte, dass er wirklich wollte, dass sie mitflog. Als er sein Gesicht ein letztes Mal in Ryans Nacken gedrückt hatte, ein letztes Mal der Geruch von Milch, Schweiß und Babypuder.

Fast schon verzweifelt versuchte Huck nun, auch nur einen Hauch dieses Geruchs erneut zu erhaschen, hob die Mütze hoch und atmete so tief ein, wie er konnte. Er bildete sich ein, noch immer den Geruch der Wärme zu finden, den Ryan immer ausgeströmt hatte. Dann bemerkte er, wie er aussehen musste – allein auf der verlassenen Straße, seit Tagen ungewaschen, in einem verdreckten Pullover, das Gesicht in einer Babymütze vergraben, die Augen geschlossen wie bei einem Konzert.

Beschämt drehte er sich um. Wer auch immer gesagt hatte, dass Spaziergänge gut für die mentale Gesundheit seien, musste sich geirrt haben, denn sein Rückweg war genauso trostlos, wie er ihm schon auf dem Hinweg vorgekommen war. Huck hatte kaum bemerkt, wie spät es geworden war, und als auf einmal die Straßenlaternen aufflammten, hielt er abrupt an, schon auf der Treppe zu seinem Haus.

Wie durch einen Zwang dazu getrieben, hob er den Kopf, legte ihn in den Nacken, bis die Sterne sich über ihn ergossen. Sie sahen aus wie zufällig auf dunklen Boden gespritzte Farbe, wie Gischt, und schienen so tief, dass er sich am Geländer festhalten musste, da er sich kurz fühlte, als würde er in den Nachthimmel hineinkippen.

Er fuhr mit den Augen die Sterne ab, suchte nach – nach was? Nach einem blinkenden Punkt, einem Signal? Einem Lebenszeichen, irgendeinem. Etwas, das zeigte, dass die Menschen, die er am meisten liebte, Abertausende Kilometer entfernt, auf denselben Himmel schauten.

Er erinnerte sich an den Moment, als die Marsflucht als finaler Rettungsplan vorgestellt worden war, von der gleichen Nachrichtensprecherin, die auch schon von Kriegen, Spendenaktionen, Einkaufsengpässen und technologischen Fortschritten gesprochen hatte, eine Botschafterin des Schlimmsten und Besten, was Menschen tun konnten.

»Kapazität ist für etwa 1,5 Millionen Menschen«, hatte Jen wiederholt. Dann hatte sie ihn angesehen, in ihren Augen erneut der geschockte Unglaube, den sie in den letzten Monaten schon so oft geteilt hatten.

»Aber Huck … Was passiert mit dem Rest?«

Und nun, nur wenige Wochen später, musste Huck lächeln, obwohl um ihn herum verwüstete Müllcontainer und besprühte Hausfassaden Zeugen waren. Er war der Rest. Und es tat weh, und nach einem Grund zu suchen war sinnlos, und oft wünschte er, es wäre nicht so, doch er lebte. Er lebte noch. Das würde nicht mehr lang andauern, natürlich nicht, doch in diesem Moment wünschte er, er könnte Jen und Ryan ein Lächeln schenken, wünschte, sie könnten ihn sehen, unter den Sternen. Denn er war okay.

Das hier passierte mit dem Rest. Sie waren eine Narrative, die nie gewählt werden würde, stumme Zeugen einer Revolution, für die sie nichts taten, die Opfer, die der Held bringen muss, um sein Ziel zu erreichen.

Das hier war ihr Teil der Geschichte. Das Kapitel, das überblättert wird, der Rahmen eines Bildes.

Ein neuer Abschnitt der Menschheit, erzählt von einem Unbeteiligten.

Eine einzelne Träne lief ihm in sein Lächeln, als er in die Sterne sah.

Huck wischte sie weg.

2089 steht ein junger Mann auf der Treppe vor seinem Haus und schaut in den Nachthimmel. In der Hand hält er die Mütze eines Kindes, das er nie aufwachsen sehen wird, und von jedem fallenden Lichtpunkt am Firmament hofft er, dass es sich nur um eine Sternschnuppe handelt. Er seufzt, als er die Tür aufschließt und sie leise hinter sich zufallen lässt, auf dem Weg zu seiner Wohnung tanzen noch immer die Sterne hinter seinen Augenlidern, wenn er blinzelt.

Vielleicht macht er sich zum Abendessen die Reste von gestern warm, Pasta, die ihn an alte Zeiten erinnert. Nachts erdrückt ihn der Geruch seiner Bettdecke, die er sich früher teilen musste. Wenn er nicht schlafen kann, sieht er durchs Fenster hinaus in die Nacht und atmet tief durch die Nase ein.

Vielleicht wird er heute Abend einen Film schauen, im Regal stehen noch die, bei denen er mitsprechen kann, vielleicht macht er sich Musik an oder spielt die Sprachnachrichten ab, die das Gleiche für ihn sind. Er wird still weinen und vielleicht endlich die Topfpflanzen wegtun. Und wenn er einschläft, fühlt es sich an, als könnte er das Gewicht seiner Frau neben sich spüren, das Grün ihrer Augen im Halbdunkeln der Schläfrigkeit so wundervoll klar wie das leise Atmen seines Sohnes im Bett neben ihrem.

Das Leben geht weiter.

NORA NIEDERSTADT

lebt mit ihren Eltern und ihrem Bruder in Hamburg-Altona. Sie liebt es, Momente und Gefühle festzuhalten, egal, ob das heißt, Collagen anzufertigen oder kurze Szenen auf der Bühne zu improvisieren. Schreiben ist für sie ein Weg, Situationen oder Emotionen zu bewahren und greifbarer zu machen – außerdem hat es ihr schon immer Spaß gemacht.

NAEMI SCHMITZ

Das Mädchen mit der Ziege

23. Dezember 1944: Schwer fiel die dicke Holztür, die das Heim des kleinen Mädchens markierte, hinter ihr ins Schloss. Da, wo sie normalerweise auf einer niedrigen Holzterrasse stehen würde, stand sie im Schnee. Er reichte ihr hier bis zu den Knöcheln und ein wenig darüber, aber wenn sie noch vier Schritte vorwärts machen würde, dann würde er ihr bis zu den Waden reichen. Der Wind pfiff um das Haus, und selbst unter dem schützenden Vordach spürte sie bereits seinen kalten Biss. Sie schlang ihren Schal daraufhin fester um den Hals und marschierte los.

Ihr erstes Ziel war der Stall. Vier Wände aus dickem Holz mit massiven Balken in allen vier Ecken, darin hatten früher gut ein paar Kühe, mehrere Schafe und ihre Ziegen Platz gefunden. Dieses Bild hatte sie noch gut vor Augen, und immer, wenn sie den Stall betrat, sah sie auch erst dieses Bild vor sich, ehe ihre Augen sich an die Dunkelheit vollständig gewöhnten und ihr das Jetzt zeigten. Mittlerweile standen nur noch wenige Kühe, vier Schafe und drei Ziegen im Stall.

Die Balken ächzten unter dem Wind, als das kleine Mädchen die Tür mit all seiner Kraft öffnete. Sie betete zum lieben Gott, dass er bald nachlassen würde. Sie wollte den Berg nicht mit eingefrorener Nase runtersausen. Doch auf das Heruntersausen freute sie sich. Sie wusste genau, selbst im Dunkeln, wo der Schlitten stand. Sie musste kaum eine Sekunde danach tasten, ehe ihre behandschuhten Hände die Kufen erkannten. Doch die Freude hielt gerade so lange an, bis das kleine Mädchen sich zu den Gehegen umdrehte und sich an ihre Aufgabe erinnerte.

Denn dort, ganz vorne, schön nah an der Tür, wie sie es sich von ihrem Papi gewünscht hatte, standen die Ziegen, und vor allem eine ganz besondere Ziege. Der kleine Onkel, ihre Ziege. Er hieß mit Zweitnamen Obelix und besaß grau gepunktetes Fell und die hübschesten Ziegenaugen, die es gab. Und ihre Aufgabe war es, ihn auf dem Markt heute zu verkaufen. Ihre Mutter wollte es so. Sie hatte von guten Chancen gesprochen. Das kleine Mädchen hatte geweint, aber dann hatte ihre Mutter so schrecklich müde ausgesehen, und sie hatte erst im Zimmer weitergeweint. Sie wollte Obelix nicht verkaufen, sie verstand es auch nicht. Oder nur zu wenig. Er gehörte ihr. Und daran konnte auch niemand zweifeln, erst recht nicht, wenn sie sahen, wie er seinen kleinen Kopf mit den Minihörnern durch die Latten steckte. Sein spitzes Maul und seine blitzenden Augen verschwanden immer wieder, nur um Sekunden später über den Latten wieder aufzutauchen.

Das kleine Mädchen kicherte und holte schnell den dicken Strick. Obelix rannte auf sie zu, wie immer, wenn sie das Gehege betrat. Sein goldenes Glöckchen klingelte dabei Sturm. Ein hohes, helles Klingeln, das sie immer an Weihnachten erinnerte. Morgen war Weihnachten! Sie holte ihre Ziege raus und gab ihr ein wenig Brot, weil sie sich so freute, sie zu sehen, dann nahm sie ihren Schlitten und machte sich bereit, raus in die Kälte und den Schnee zu treten. »Du musst dich viel bewegen, damit dir warm bleibt, hörst du, Obelix?«

Den Sitz von Beutel, Mütze und Schal noch mal absichernd, den Schlitten fest in der Hand, öffnete sie die Stalltür und lief los. Das kleine Mädchen hatte den ersten Hügel, der hinter dem Hügel, auf dem ihr Haus war, hinter sich gelassen. Der Anfang hatte ihr am meisten Spaß gemacht. Obelix hatte sich ganz schön beeilen müssen mitzukommen. Jetzt ging es nur noch ein wenig bergauf und danach immer ein wenig bergab, durch den Wald. Der Wald grenzte eigentlich direkt an ihr Haus, aber der Weg führte zuerst außen entlang, ehe er nach einer Lichtung in den Wald hineinführte. Es kam ihr immer wie der Eintritt in eine neue Welt vor. Die Schatten, die die Bäume warfen, die Schneelasten, die auf ihnen wogen und ihnen ein sowohl magisches als auch sehr gruseliges Aussehen verliehen. Und der Boden, der knirschte und dessen Kälte durch ihre Schuhe und Sohlen in ihre Socken kriechen wollte.

Hier im Wald lag der Schnee niedriger, die dicht stehenden Bäume hatten viel davon auf seinem Weg nach unten aufgefangen. Hoch genug, um eine glitzernde Decke zu bilden, nicht hoch genug, um die Schritte des kleinen Mädchens zu verlangsamen. Durch das Knirschen, das dadurch entstand und alles übertönte, fühlte sie sich immer schrecklich allein. Als wäre sie der einzige Mensch auf dieser Welt. Als wäre sie ganz allein mit den Wölfen und Wildschweinen. Und sie hasste das. Sie fürchtete sich. Vor allem dann, wenn der Wald noch nicht ganz hell war, so wie es im Moment der Fall war. Die Morgensonne stand noch tief, und einzig und allein der Schnee sorgte dafür, dass die Welt des kleinen Mädchens nicht nur aus Schatten und Angst an diesem Morgen bestand. Sie hatte mal gehört, dass einer aus dem Dorf genau auf diesem Weg von einem Wolf angefallen worden war. Das hatte ihr bester Freund ihr erzählt. Und noch vieles andere über diesen Wald. Wenn sie jetzt daran dachte, wie er sie danach ausgelacht hatte, könnte sie ihn immer noch hauen. Doch dagegen hatte der liebe Gott was, hatte ihre Mutter gesagt.

Es knackte. Das kleine Mädchen schrie auf und drehte sich hastig in alle Richtungen um. Es knackte erneut, diesmal weiter rechts hinter ihr. Obelix beendete seinen Hoppsalauf und blieb wie angewurzelt stehen. Voller Angst sah das kleine Mädchen ihm zu, wie er seine Nase in Richtung des Geräusches zucken ließ. Ihr Herz raste vor Panik. Sie zwang sich, ruhig zu atmen. Was war das, was konnte es sein? Welches Tier? Sie konnte sich nicht bewegen. Der Wind frischte auf und schluckte alle Geräusche mit dem Rauschen der Bäume und Äste. Irgendwo fiel Schnee krachend vom Ast. Sie schrie erneut auf. Obelix machte einen Satz zur Seite. Alle viere ausgestreckt stand er da und starrte sie an. Erneutes Knacken. Sie suchte den Wald ab, nicht wissend, ob sie wirklich sehen wollte, was sie anfallen könnte. Sie konnte nichts tun, sie war das Opfer. Ein weiteres Knacken im Schnee, wie die vorsichtigen Bewegungen eines Tieres es verursachen würde. Noch näher. Sie wandte sich um, zerrte an Strick und Schlitten und rannte den Weg entlang.

Neben ihr im Wald sprang ein Reh in ebenso großer Panik durch das Unterholz davon. Der Lauf des kleinen Mädchens verlangsamte sich nicht. Sie rannte mit all ihrer Panik und so weit ihre Beine sie trugen. Den Blick fest auf den Boden gerichtet, um jeden Sturz zu vermeiden. In der festen Überzeugung, ein großer grauer Wolf wäre hinter ihr und ihrer Ziege her. Der Mantel peitschte um ihren Körper, und beide Stricke zerrten in ihrer Hand. Der Wind, dieser vermaledeite Wind, er rauschte in ihren Ohren, sie hörte nichts. Die Luft schnitt ihr eiskalt in die Kehle, und der unebene Boden ließ sie stolpern. Sie stolperte und stolperte erneut, ehe sie aus vollem Lauf gegen einen dürren Mann rannte.

Der Wind konnte ihn mal! Seit Tagen. Seit Tagen heulte er und machte das Leben schwer. Als ob es dies nicht ohnehin schon war. In diesem in drei Teufels Namen verfluchten Wald, mit diesen verfluchten Menschen, deren Verstand gerade bis zum Ortsausgang reichte, und diesem verfluchten Winter. Als ob es nicht schon hart genug war. Und der Schnee obendrein. Wie sollte denn ein Holzfäller, der trockenes Feuerholz verkaufte, in einem Winter wie diesem trockenes Holz verkaufen! Wie sollte es denn jemand kaufen, wenn ein jeder kaum genug Geld für das Brot auf dem Abendtisch hatte. Und trotzdem. Trotzdem lief er jeden Morgen los, kehrte erst jeden Abend zurück. Jeden verdammten Tag. Und in dieser Jahreszeit zusätzlich in der Kälte, mit diesem verfluchten Wind, nur in Begleitung der Stille.

Bis heute. Bis an diesem verschissenen eiskalten Morgen ein kleines Mädchen von circa zehn Jahren in Wildledermantel, Hose und gestricktem, rauem Schal mitsamt Schlitten und hopsender Ziege in ihn reinrannte. Prompt fiel das Mädchen rücklings in den Schnee. Hastig, fast panisch rappelte es sich wieder auf und stolperte ein paar Schritte rückwärts. Aus misstrauischen Augen sah sie ihn an. Die Ziege streckte sich vor, um seine Hand zu beschnuppern. Was für ein seltsames Kind. Aber er fand alle Kinder seltsam.

Der Mann war groß. Und struppig. Sein Bart stand in alle Richtungen ab und reichte ihm fast bis zur Brust. Seine Augenbrauen genauso, nur dass sie nicht bis zur Brust reichten. Er trug alte, verschrobene Kleidung, und auf dem Rücken trug er Holz. Der Waldschrat! Sie durfte ihm nicht näher kommen.

Er betrachtete das kleine Mädchen noch eine Weile, wartete auf irgendeine Reaktion. Doch als das Einzige, was passierte, war, dass die Kälte ihm in alle Knochen drang, beließ er es dabei, drehte sich um und stapfte durch den Schnee weiter. Er hatte noch einen langen Weg vor sich und keine Zeit, sich über ein so seltsames Kind den Kopf zu zerbrechen. Nur dass sie nicht gesprochen oder geschrien hatte, verwunderte ihn. Na ja, bis auf einen ohrenzerfetzenden hohen Schrei bei ihrem unglücklichen Stopp. Aber normalerweise plapperten die Dinger doch mehr. Er wusste es nicht. Sein Kontakt mit Kindern ihres Alters beschränkte sich auf das Marktgeschehen, wenn die Rotznasen an ihre Mutter angekettet vor seinem Holz standen. Immer am Schreien. Sie war so still. Was kümmerte es ihn.

Meine Mutter hatte gesagt, ich solle auf keinen Fall und niemals Kontakt zu ihm haben. Sie nannte ihn am Abendbrottisch verschroben, komisch und nicht ganz richtig in der Birne. Und eine Menge anderer Wörter, die sie ihr immer verboten hatte, in den Mund zu nehmen. Ihre Mutter hatte ihn immer als schlechtes Beispiel genannt und sie immer vor ihm gewarnt. Sie sollte wohl stehen bleiben und warten, bis er außer Sichtweite war. Aber. Sie musste in dieselbe Richtung. Und. Die bloße Vorstellung, alleine in diesem Wald zu bleiben, weiter durch ihn durchzulaufen, versetzte sie in Angst. Sie wollte keine Angst. Obelix hatte sich eh schon entschieden. Seine Augen folgten schon die ganze Zeit dem komischen großen Mann. Sie stapfte los, ein paar Sicherheitsmeter Abstand ließ sie jedoch.

Hinter ihm knirschte der Schnee unter ihren kleinen Füßen. Fror sie nicht in den dünnen Fetzen? Und warum folgte sie ihm? Nun gut, vielleicht musste sie einfach nur in dieselbe Richtung. Nun gut, diese Gesellschaft würde er noch ertragen.

Sie folgte dem Mann durch den ganzen Wald, und während sich ein Schreckensszenario nach dem anderen in ihrem Kopf abspulte, wuchs ihre Dankbarkeit für seine Anwesenheit. Aber komisch war er trotzdem. Wie er immer den Kopf schief legte.

Sie waren eine Stunde durch den Wald gelaufen, sie immer dichter hinter ihm und er vorneweg, und sie hatte kein Wort gesagt. Eine Stunde lang. Sie waren mittlerweile aus dem Wald draußen und folgten nun der leicht abfallenden Straße, die zum nächstgrößeren Dorf führte. In das Dorf, in dem er seinen Stand aufbauen, die Decke über seinen Knien ausbreiten und auf die Kunden warten würde. Eine Stunde, und die ganze Zeit hatte sie nicht das kleinste Geräusch von sich gegeben. Er vermutete nur anhand ihrer Schrittfolge, dass sie in seine Fußstapfen zu treten versuchte. Er ertappte sich dabei, wie er seine Schritte kleiner machte und ihrem Tempo anpasste. Eine Stunde. Ob sie überhaupt noch lebte? Er seufzte tief, blieb stehen und drehte sich nach dem seltsamen Kind um. Sie lief mit gesenktem Kopf und merkte nicht, dass er stehen geblieben war, ehe sie beinahe ein zweites Mal in ihn hineinlief. Dann blieb sie wie angewurzelt stehen, sah ihn erst panisch und dann wieder misstrauisch an. Unter ihrer Wollmütze lugten blonde oder braune wirre Haare hervor, die den Eindruck eines seltsamen Kindes verstärkten.

»Ich beiße nicht.«

Sie sah ihn nur weiter an. Ihre Hände im Fell dieser Ziege vergraben. Die schnupperte immer noch unendlich neugierig in seine Richtung. »Lass mich deinen Schlitten nehmen.« Sie wich mehrere Schritte zurück, umklammerte den Schlitten noch fester, machte Anstalten, sich umzudrehen und erneut wegzurennen. »Nicht, um ihn zu klauen!«

Sie runzelte die Stirn.

»Was haben deine Eltern dir wohl alles über mich erzählt, hm?«, brummte er mehr zu sich selbst, als dass er ihr die Frage stellte.

Sie sah ihn an. Grüne, graue, vielleicht auch braune Augen. »Nur meine Mutter. Mein Vater ist fort.«

Damit marschierte sie wieder los, holte auf seine Höhe auf und reichte ihm die Hand, nachdem sie beide Stricke in eine nahm. »Guten Tag.«

Er sah sie einen Moment lang an, sie reichte ihm gerade bis zur Hüfte, und ergriff dann ihre ausgestreckte Hand. »Deinen Namen sagst du mir nicht?«

Sie schüttelte abermals den Kopf, die Bewegung konnte sie wohl. Und damit liefen sie im Gleichschritt weiter bis runter ins Dorf, den Schlitten durfte er nach einer Weile ziehen. Einige Zeit später kamen sie am Dorfrand an. Am Ortseingang verließ sie der Waldschrat, wünschte ihr viel Glück auf dem Markt, wuchtete sein Holz neu und verschwand zwischen den Menschen.

Das Dorf war das größte in ihrer Umgebung. Es besaß mehrere Läden, eine Taverne und sogar ein Hotel. Der Markt war jedes Wochenende gut besucht und bestückt gewesen und erfüllt vom Schreien der Anbieter und dem Lachen der Kinder dazwischen. Aber das war lange her. Jetzt war er meist aus dem Nötigsten zusammengeschustert, und die Stimmen vieler fehlten. Die Menschen liefen nur noch mit müden und abgearbeiteten Gesichtern herum, kleine Jungen oder Mädchen wie sie sah man nur noch selten, und wenn, waren ihre Wangen eingefallener und ihre Körper schlaksiger geworden, aber eigentlich sah man sie überhaupt gar nicht erst. Wo ihre Stimmen, ihr Dasein fehlten, waren nun Soldaten. Warum sie alle hierherkamen, wusste das kleine Mädchen nicht wirklich. Sie hatte ihre Mutter mal danach gefragt, aber die Antwort hatte sie nicht wirklich verstanden. Sie liefen überall herum, und ihre Fahrzeuge verwandelten die Straße in Schlamm.

Leutnant Frank, 17 Jahre alt, seit ein paar Monaten in der Armee, seit seinem 17. Geburtstag, um genau zu sein. Die Uniform hatte er sich verdient.

Die Jahre im Jungvolk und gesammelte Auszeichnungen in der HJ würdigten ihn in seinem Lebenslauf stolz als Musterexemplar des neuen Reiches aus. Bis jetzt hatte ihn das jedoch nicht weit gebracht. Nur in ein kleines Dorf am Rande seines geliebten Heimatlandes, irgendwo im Nirgendwo, als letzte Raststätte vor dem finalen Weg in den Krieg.

Sie waren gerade angekommen, ein jeder folgte seinen Aufgaben, und das Lager errichtete sich langsam aus dem Nichts. Auf dem Platz hatte wohl mal der öffentliche Markt sein müssen, im Grunde ein schöner Ort. Ein gepflasterter Platz mit einem Brunnen, umrandet von den schiefen und schönen Bauten, mehrere Gassen verknüpfend. Um das Dorf herum lagen mehrere kleine Dörfer und viele verstreute Bauernhöfe, dies war der größte Ort in der Umgebung. Die Überreste dieses Markts sah man als kleine vereinzelte und heruntergekommene Stände, die dicht gedrängt neben dem entstehenden Lager aufgebaut worden waren. Frank tat es beinahe leid, diese ehrlich arbeitenden Menschen von ihrem Ort zu vertreiben, aber für das große Ganze war dies nur ein kleines Opfer.

Doch die Menschen auf dem Markt irgendwo hinter ihm waren nicht das, was seine Aufmerksamkeit auf sich gezogen hatte. Es war ein kleines Mädchen von höchstens zehn Jahren, in Winterkluft mit einem Strick und der dazugehörenden Ziege in der einen Hand und einem Schlitten in der anderen, das im Begriff war, auf die Straße und vor ein Auto zu laufen. Es war voll auf den Straßen. Seine Kameraden waren mitten im Aufbau. In dem Chaos würde sie das herannahende Auto nicht sehen. Frank blickte sich um. Gab es niemanden, der sie warnte?! Ohne weiter zu überlegen, rannte er mit großen Schritten los. Und er betete zu Gott, er würde es schaffen. Das Auto kam schnell, doch kurz bevor es die letzten Menschen aus dem Weg hupte und der Weg frei auf das kleine Mädchen war, zog Frank es samt Schlitten und springender Ziege an die Seite. Sein Herz raste. Das kleine Mädchen hatte kurz geschrien und die Hände vor ihr kleines Gesicht erhoben. Frank betrachtete sie, während sein Herz noch raste, als sie langsam ihre Hände herunternahm und eine sittliche Position einnahm.

Sie sah ihm direkt in die Augen. »Danke.«

»Gerne. Pass bitte besser auf.«

Das kleine Mädchen nickte ernst, ehe es sich wieder der Straße zuwandte, die Hände in das Fell der grauen Ziege vergraben. Sie sah hilflos aus und verängstigt. Wenn er raten sollte, würde er sagen, dass ihr Herz zehnmal schneller schlug als seins gerade eben. Er sah sich nach seinen Kollegen um, alles lief in ruhigen Bahnen, niemand schien ihn zu brauchen. Er betrachtete die rege Straße und die heranbrausenden Autos. Vermutlich war sie das erste Mal wieder in der Stadt, seit er mit seinen Kameraden hier angekommen war.

»Okay, ich begleite dich. Wohin musst du?«

Der Kopf des kleinen Mädchens wirbelte zu ihm herum, die kleinen Strähnen außerhalb ihrer gestreiften Wollmütze flogen ihr um den Kopf.

»Komm. Sag mir, wohin du musst, ich sorge dafür, dass du heile dort ankommst.«

Sie sah ihn einen kurzen langen Moment an. Sie war dankbar für die Hilfe. »Ich muss zu Steffi.«

Steffi, na toll. Woher sollte er denn wissen, wer das war?! »Okay, dann suchen wir zusammen Steffi.«

Demnach kannte er wohl Steffi. Ob er ihr wirklich nichts wollte? Die Uniform schüchterte sie zugegebenermaßen ein. Aber selbst wenn es dann länger dauern würde, das bedeutete mehr Zeit mit Obelix.

Sie legte den Kopf schief und sah ihn immer noch mit diesen großen Augen an. Was hatte er sich nur wieder eingebrockt?! Vielleicht war sie ja auch geistig behindert. Oder stumm. Aber nein, sie hatte ja gerade ihren Dank laut ausgesprochen. Oder nicht? Er wusste es schon wieder nicht mehr. Er nahm sie bei der Hand und zog sie mit sich durch das Dorf. Er fragte seine Kommandanten, ob sie von einer Steffi wüssten, einem Gasthaus, dessen Wirtin so hieß, oder etwas in der Art. Ja, er bewegte sich eine halbe Stunde lang fragend und suchend durch das Lager, bis plötzlich, als sie gerade am letzten Zelt angekommen waren, das kleine Mädchen an seiner Hand zupfte, um seine Aufmerksamkeit zu erlangen.

»Entschuldige, Herr Soldat, aber warum fragen Sie mich nicht einfach?«

Das »Herr Soldat« fuhr ihm in alle Knochen. Das darauffolgende nicht.

»Ja, du weißt, wo Steffi ist?!«

Sie sah ihn ernst an und eventuell auch ein wenig so, als hätte er sprichwörtlich eine Schraube locker.

»Natürlich, Sie boten mir Hilfe an, keinen Wegweiser. Entschuldigen Sie bitte meine verspätete Reaktion, ich begriff erst jetzt.«

Er war wütend. Er war wütend, doch er wollte es nicht zugeben. Er glaubte es ihr sogar, wenn er es sich eingestand, aber das machte aus der unnötigen Misere nur seinen Fehler, und dies gefiel ihm nicht sonderlich. Also schob er den Gedanken rasch beiseite und antwortete, eventuell gereizter als davor.

»Ja, dann führ mich mal hin.«

Ohne weitere Fragen zog das kleine Mädchen ihn in Richtung der umstehenden Gebäude und in eine Gasse hinein. Er hätte sich selbst für seine Dummheit ohrfeigen können.

Ein lieber Mann, nur ein wenig verpeilt.

Sie stoppten vor der Schneiderei. Hinter dem Schaufenster aus Glas mit der aufgedruckten Schere war alles dunkel, doch sah man oben, eine Etage über ihnen, ein Licht brennen. Sie waren wohl an ihrem Ziel angelangt. Er war bereits drauf und dran, sich umzudrehen und zu gehen, immer noch wütend auf sich und auf sie wegen der Zeitverschwendung, als sein Blick ein letztes Mal auf sie fiel. Er betrachtete einen Moment länger das kleine Mädchen, das bedrückt ihre Ziege streichelte. Und er begriff. Sie musste die Ziege verkaufen. Das Mädchen gehörte zu den Familien, die auf den umliegenden Bauernhöfen lebten und im Krieg ihre Existenz verloren hatten, zu denen, die nicht stark genug gewesen waren, den Wandel zu überleben. Und wenn er sie sich so ansah und das Alter der Mutter und des Vaters schätzte, so überlegte er, gehörte sie obendrein zu einer arm gewordenen Bauernfamilie ohne Vater und einem Hof voll zu viel Arbeit. Und für einen kurzen Augenblick fragte sich Frank, ob das große Ziel das wirklich rechtfertigte.

Der Entschluss fasste sich in seinem Herzen, ehe er was dagegen tun konnte. Er würde nicht derjenige sein, der das Leben des Mädchens heute noch weiter erschwerte. Er konnte nicht wirklich etwas für sie tun, außer einer Sache. Denn nun war sie zwar bei Steffi, doch falls dies nicht ihr endgültiges Ziel war, würde er sie zumindest noch dorthin begleiten.

»Pass auf.« Er ging in die Hocke, um auf Augenhöhe mit diesem kleinen Mädchen zu sein, dabei fielen ihm ihre eingefallenen Wangen auf. »Ich muss kurz zurück zu meinem Kommandanten. Hol das, was du von Steffi brauchst, und ich kann dich danach hinbringen, wohin du möchtest, du zeigst mir auch den Weg. Einverstanden? Oder musst du danach nirgendwo mehr hin?«

Sie verstand seinen Sinneswechsel nicht, aber sie hatte ja irgendwie geahnt, dass er ein Guter war. »Nein, ich muss danach zurück zum Markt.«

»Dann bring ich dich dahin. Hol, was du brauchst, und warte dann auf mich, geh nicht alleine auf die Straße!«

Sie nickte, er wandte sich um und ging. Eine gute Tat pro Tag, hieß es so nicht auch in der Bibel? Er wusste es nicht, es war lange her, dass er zu Hause gewesen war.

Marie trat ihre Mittagspause um dieselbe Zeit wie immer an. Denn wie auch nicht, seit Monaten war kaum genug los in der Taverne, als dass es einen Grund gegeben hätte, länger zu arbeiten. Und Bernd wusste das auch. Vielleicht hatte sie »Glück« und die Soldaten würden nach getaner Arbeit bei ihnen einkehren. »Glück«, und bei dem Gedanken verkrampfte sich ihr Körper, denn so gute und gnädige und zuweilen auch attraktive Gäste die Soldaten auch sein mochten, ein jeder von ihnen erinnerte sie an ihren Liebsten. Sie hatte ihre Arbeit, und so manch einer würde sie als Betrug an ihrem Liebsten ansehen, aber welche andere Möglichkeit hatte sie? Mittellos, von zu Hause fort, jung verheiratet und allein, vielleicht, doch Gott bewahre, müsste sie auch noch ein »Witwe« dranhängen. Ob er sie wohl züchtigen würde für ihre Arbeit? Sie wusste es nicht, doch das war auch sicher nicht ihre dringendste Sorge.

Sie setzte ihre Füße in den hohen Absätzen weiter, einen vor den anderen. Der Rauch der Zigarette in ihrer Hand beruhigte sie. Sie trug den langen Mantel hoch zugeknöpft und fror trotzdem schrecklich. Wie auch nicht? Der Winter hatte das Dorf im Griff, ließ es nicht los und nur Hungern und Frieren übrig. So wie dem kleinen Mädchen auf der Treppe vor der Schneiderei. Ein Plakat lehnte neben ihr an der Wand, darauf geschrieben stand ein Preis. Sie selber saß und kuschelte die kleine Ziege, die akrobatisch versuchte, auf ihren Schoß zu gelangen. Sie sah süß aus. Sie erinnerte sie an ihre kleine Schwester. Die hatte selber früher ein Haustier gehabt. Einen Hund. Vom Auto überfahren worden. Sie kam näher an das Mädchen heran. Es schenkte ihr nur einen Blick, ehe es sich wieder seiner Ziege widmete. Nur ein Blick war es gewesen, ohne Vorurteile, ohne Beschuldigung. Sie wusste vermutlich nicht einmal, was sie war. Sie stand eine kurze Weile vor ihr, rauchte und beobachtete sie, sie schien es nicht zu stören.

»Darf ich mich setzen?«

Das Mädchen sah nicht auf und reagierte auch sonst in keiner Weise. Sie nahm es als Okay und setzte sich zu dem kleinen Mädchen auf die Treppe. »Danke.«

Immer noch keine Reaktion, sie kraulte weiter ihre Ziege, die das Kunststück geschafft hatte und sich nun von ihr die Ohren kraulen ließ.

»Weißt du, du erinnerst mich an meine eigene kleine Schwester.« Sie rauchte. »Sie war aber ein wenig größer als du.« Sie lachte. »Vielleicht ist sie jetzt aber auch viel größer als du. Weißt du, ich hab sie lange nicht gesehen.«

Sie blies den Rauch in die klirrend kalte Dezemberluft. Es war noch frischer geworden, und es ging gerade erst Richtung Abend zu. Nun gut, zumindest konnte sie am Ofen und im Warmen arbeiten. Sie verlor sich wieder in ihren Gedanken. Dann sah sie wieder das kleine Mädchen an.

»Du hast eine hübsche Haarfarbe. Ein wenig rötlich. Oder es kommt von der Mütze.« Sie lachte, als die Ziege im Schlaf mit einem Bein zuckte. »Gut, dass die Kleine da dich warmhält.«

»Der.«

»Oh, entschuldige, der Kleine. Ein Süßer. Wie heißt er?«

»Kleiner Onkel Obelix.« Das kleine Mädchen lächelte, auch wenn sie recht müde aussah.

»Ein schöner Name.«

»Wie heißt du?« Das Mädchen sah sie nicht an, als es die Frage stellte, und es stellte sie wohl eher aus Höflichkeit und der Erziehung wegen als aus echtem Interesse, aber Marie freute sich trotzdem.

»Marie.«

»Auch ein schöner Name.« Die Kleine lächelte sie an, und Maries Herz ging auf. Sie wollte sie gerade nach ihrem Namen fragen, als ein hochgewachsener Soldat auf sie zu durch die Gasse eilte. Neugierig sah Marie ihm entgegen.

Der gute Soldat kam zurück, und sie blickte ihm traurig entgegen. Es hieß wohl Abschied nehmen, irgendwie hatte sie gehofft, auf ewig auf dieser Treppenstufe bleiben zu können.

Der gute Soldat stockte einen Moment in seinen Bewegungen, als er Marie entdeckte, und das kleine Mädchen sah, wie seine Augen bewundernd einen Moment länger an ihr festhingen. Aber es sah auch denselben mysteriös düsteren und verspannten Ausdruck in seinen Augen, wie zu dem Zeitpunkt, als sie vor Steffis Tür gestanden hatten. Marie ließ ihrerseits ihren Blick über ihn wandern, doch ihre Augen sprachen nicht. Das kleine Mädchen hatte noch nie so einen leeren, hoffnungsvollen und hoffnungsfrohen Blick zugleich gesehen. Marie war voller Lebensfreude und gleichzeitig so lebendig wie eine Tote. Sie stand als Erste auf, nickte ohne ein weiteres Wort dem Soldaten zu, schenkte ihr ein Lächeln und drehte sich auf den hohen Absätzen um, um die Gasse entlang wieder zu verschwinden. Der gute Soldat blickte ihr lange nach. Das kleine Mädchen sah das und hoffte, er möge sie wiedersehen und gleichzeitig, dass Marie ihm nie wieder über den Weg laufen musste.

Er blickte sie wieder an. »Okay, dann wollen wir mal.« Er streckte ihr seine behandschuhte große Hand entgegen. Sie nahm sie und folgte ihm mit dem Plakat und der Ziege. Am Marktplatz verabschiedete er sich. Das kleine Mädchen setzte sich auf seinen Schlitten, stellte das Plakat vor seine Knie und begann zu beten, niemand möge Obelix kaufen.

Es wurde später und kälter. Das kleine Mädchen hatte die alte Frau gesehen, die früher an ihrem Stand immer die schönsten Blumen verkauft hatte. Sie hatte immer so fröhlich ausgesehen, und ihre Blumen waren das Tollste für sie gewesen, sie hatte ihr immer eine der vielen Tulpen geschenkt. Heute saß sie zusammengekauert mit einer Wolldecke um die gebeugten Schultern an ihrem Tisch, vor ihr Körbe mit der letzten mickrigen Ernte von Kartoffeln und Karotten.

Die alte Frau sah das kleine Mädchen. Sie erinnerte sich, ihr jeden oder jeden zweiten Markttag eine Blume geschenkt zu haben. Sie hatte ihr immer die gelben gegeben, weil sie diese immer am längsten betrachtet hatte. Sie wünschte, sie könnte ihr wieder eine schenken. Aber sie konnte nicht mehr, seit dieser verfluchte Krieg begonnen hatte. Er hatte ihr alles genommen. Ihr ganzes Leben. Ihr Blumenfeld war das schönste im ganzen Land gewesen, es war ihr Leben gewesen, jede einzelne Blume wie ihr eigenes Kind, nachdem sie Jahr um Jahr probiert hatte, ein echtes Kind zu bekommen. Jede Rose war ein Liebesbeweis des Lebens gewesen, nachdem ihr Mann sie nach fünf Jahren erfolgloser Ehe verließ. Und jede Tulpe war das Lachen der Mädchen gewesen, die sie nie selber haben, aber auf dem Markt mit einer Tulpe glücklich machen konnte.

Und sie hatten ihr sie alle genommen. Ohne Vorwarnung. Ein sonniger Tag ohne Wolken. Und ein Ende dieses Tages mit zerstörten, von Panzern durchgrabenen Feldern, einem von Panzern zerstörten Leben. Sie hatte sich davon nicht mehr erholt, sie sah auch keinen Sinn darin, es zu tun. Sie wusste, dass sie nun nur noch eine alte schrullige Frau mit krummem Rücken und Runzelfalten war, die ihre Tage auf dem Markt absaß, ehe sie endlich ihre Ruhe finden durfte.

Sie war den ganzen Tag da. Sie beobachtete das Mädchen, das seit seiner Ankunft Stunde um Stunde dasaß. Die Sonne hatte schon tief gestanden, als es angekommen war, und sank nun rasch. Sie sah, wie das kleine Mädchen, kaum zehn mochte es mittlerweile sein, schon zu Beginn fröstelte und mit der Zeit anfing zu zittern. Ihr Plakat und ihre kleine Ziege bekamen Blicke. Manchmal zögerte ein umherlaufender Dorfbewohner einen kurzen Moment, für einen zweiten, doch keiner blieb stehen, um sich mit dem Mädchen zu unterhalten und ihr die Ziege abzukaufen. Die alte Frau wusste auch nicht, ob das kleine Mädchen das überhaupt wollte. Sie sah so unendlich traurig aus.

Eine weitere Stunde verging. Sie saß schon lange da, sie wusste nicht, wie lange, aber lange genug, dass die Kälte überall auf der Lauer lag; lange genug, dass sie das Gefühl hatte, die Kälte wäre ein Monster, das sie schleichend und langsam von unten her anfiel. Sie konnte nichts dagegen tun, sie konnte nur dasitzen und es geschehen lassen. Ein Monster, gegen das sie nichts ausrichten konnte, und wenn die Kälte ein schleichendes Monster war, das ihren Körper wie in Watte einhüllte und nie mehr vermochte loszulassen, dann war der Husten ein springendes Monster. Eines, das sie dann anfiel, wenn sie es am wenigsten erwartete, dann, wenn ihre Gedanken woanders waren. Dann packte es ihre Kehle und krallte sich ihren Hals entlang. Und je länger sie dasaß, desto größer wurden beide Monster. Sie hatte aufgehört zu beten. Sie wusste nicht mehr, wofür sie beten wollte. Sie wusste es nicht mehr. Sie hatte Angst vor der Entschei-

173

dung, sie wollte nicht, dass irgendjemand auf sie zukam und sie ansprach, ihr Geld gab. Sie wollte nicht, und gleichzeitig wollte sie nichts mehr. Sie war so müde.

Und dann … kam ein Mann auf sie zu. Ein untersetzter, in Fleisch gepackter Mann, an dessen schmutzigem Kittel noch das Blut klebte. Die Metzgerei gegenüber. Seine Schritte tappten auf dem Pflaster. Der Himmel über ihnen färbte sich schon langsam bunt, so bunt es im Winter möglich war, und der Mann kam selbstbewusst auf sie zu. Das kleine Mädchen bekam Panik. Sie wollte nicht. Sie wollte nicht. Sie wollte nicht. Der Metzger steuerte genau auf sie zu, es war kein Raum für Zweifel, wen er wohl meinte. Ihr Herz schlug ihr bis zum Hals. Mit beiden Monstern im Körper und der Qual in ihrem Herzen flatterte es in ihrer Brust. Der breite Mann sah von oben auf sie herab. »Komm, Kleine, gib mir die Ziege. Ich gebe dir fünf für das dürre Ding, nur damit du nach Hause gehen kannst.«

Alles in ihr schrie und wand sich. Sie wusste, wer der Mann war. Sie wusste es, sie wollte nicht. »Der Preis ist zehn.«

»Komm, Kleine, stell dich nicht so an. Du willst doch nach Hause.«

Ja, das wollte sie. Mehr als alles andere, aber nicht mehr als die kleine Ziege an ihrer Seite. Sie wusste nicht, was sie da tat. Sie wollte ihre Mutter nicht enttäuschen, sie wollte nicht nach Hause kommen und ihr müdes Gesicht sehen und ihr nur die mickrigen fünf Geldstücke entgegenreichen. Sie konnte es nicht. Sie konnte nicht ihre Ziege, ihren kleinen Onkel Obelix, dem Tod überlassen.

»Werter Herr.« Ihre Zähne klapperten. »Der Preis liegt bei zehn.«

Der Metzger runzelte die Stirn, und ein Streit entbrannte. Er wurde laut, das kleine Mädchen war panisch, doch blieb standhaft. Sie wollte nicht. Und schließlich, als auch schon die Soldaten um sie herum ihre Arbeit niederlegten und sich in Richtung Taverne bewegten, ging der Metzger mit ihnen. Dem Mädchen blieb nichts als die Kälte, ihr Obelix und die alte Frau gegenüber.

Die alte Frau hatte den Wutausbruch des Metzgers mitverfolgt, sah die Qual des kleinen Mädchens. Das arme Ding. Sie stand auf, und sie wusste nicht, wieso, sie wusste nicht mehr vieles auf ihre alten Tage, aber sie stand auf und legte ihr ihre eigene Wolldecke um die Schultern. Dann baute sie ihren Stand ab, schulterte Kartoffeln und Karotten und bewegte sich mühsam in Richtung Dorfgrenze.

Oh, möge es doch nur bald vorbei sein. Es wurde dunkel. Die Monster waren nun keine Monster mehr, sondern ihr Leben. Sie konnte sich nichts außerhalb dieser mehr vorstellen. Kurz bevor kein Mensch mehr auf die Straße ging, lief ein Mann ohne Ziel durch SEIN ehemaliges Dorf. Er war alleine. So wie alle anderen. Seine Tochter und Frau versteckten sich im Dorf in einem Keller, denn er hatte Nachricht bekommen, dass neue Bomben über sie hinüberfliegen würden. Möge Gott sie beschützen, dass sie nicht bei ihnen ihr Ziel fanden. Aber er wollte es gar nicht mehr herausfinden. Er wollte fliehen. Man mochte ihn feige nennen dafür. Und so besuchte er sein Dorf ein letztes Mal, als er das kleine Mädchen mit der kleinen Ziege sah. Durchgefroren und einsam saß sie auf ihrem Schlitten auf dem Markt, kurz vor der Dämmerung. Er kaufte die Ziege ohne Zögern und sah dem kleinen Mädchen noch lange nach, als sie mit unsicheren Schritten zum Dorf hinauslief. Er dachte sie sich in ein paar Minuten sicher im warmen Bett. Er nahm die kleine Ziege, eine hübsche mit grau gesprenkeltem Fell, und kehrte zurück zu Frau und Kind.

Sie lief, so weit sie konnte, so lange sie konnte. Das Geld trug sie sicher am Herzen in dem kleinen Beutel. Der Morgen und ihr Aufbruch erschienen ihr so unendlich fern. Sie war so müde. Der Schnee zog ihr Gewicht an und brachte sie zum Stolpern. Er glitzerte im Mondlicht. Sie war so müde. Sie erklomm einen Berg und noch einen Hügel. Und sie wusste nicht, wie viele, bis die beiden Monster und ihr Begleiter, die Müdigkeit, sie einholten und sie in ihre tiefe, unendliche Umarmung hinabzogen. Über ihr funkelten die Sterne, im Dorf unweit von ihr floh ein Bürgermeister mit Frau und Kind in die Nacht, ging eine alte Frau zu Bett, die in dieser Nacht noch nicht sterben sollte, und vergnügte sich ein Soldat in einer Taverne, die in einer Gasse lag, die vom Marktplatz abging. Und der Schnee hüllte sie in seine Umarmung.

Er fand sie im Schnee unter funkelnden Sternen. Er trug sie auf seinen Armen alle Hügel hoch und runter und durch den Wald. Er dachte an ihre Gespräche und bedauerte ihren Verlust. Er brachte sie nach Hause, über die Terrasse, die vom Schnee bedeckt war, und vor die massive Tür. Er legte sie in die Arme der knienden und schluchzenden Frau, er wusste nicht mehr, ob der Herzschlag, den er gespürt hatte, eingebildet war. Doch er betete zu Gott, das kleine Mädchen möge leben.

NAEMI SCHMITZ

ist achtzehn Jahre alt und geht auf das Theodor-Heuss Gymnasium in Schopfheim. Ihre große Leidenschaft sind das Schreiben, Lesen und Reiten. Bereits in der Grundschule verfasste sie Kurzgeschichten, und mittlerweile schreibt sie mit dem Wunsch, Bücher zu veröffentlichen.